MW01173118

INDICE

Introduzione

Partiamo da una domanda che tutti si sono fatti almeno una volta. Perché, a scuola, alle superiori, non si parla mai, o quasi, di ciò che è accaduto in Italia e nel mondo dopo la fine della seconda guerra mondiale? Ce lo siamo chiesti anche noi, e abbiamo dato delle risposte. O meglio, ci siamo fatti dare delle risposte. Non sulle motivazioni, ma su quello che è accaduto. Ci siamo interrogati principalmente sui misteri della cosiddetta "Prima Repubblica", dalla strategia della tensione agli anni di piombo; il dominio DC e i macropartiti; fino alla P2 e le stragi di mafia. I decenni che vanno dal 1946 al 1990/2000 sembrano appartenere ad un'epoca molto distante da quella attuale ma, se la si studia e comprende, ci accorgiamo come la società e politica in cui viviamo non siano altro che il frutto di ciò che è accaduto precedentemente. Allora abbiamo pensato fosse utile ricostruire quei decenni che partono dalla fine della seconda guerra mondiale fino alla prima metà degli anni '90. Con "Prima Repubblica" si intende quel lungo periodo caratterizzato dai macropartiti, da uno stile politico e sociale diverso da quello che poi si sarebbe andato a creare con la discesa in campo di Silvio Berlusconi, e la caduta di quel potente edificio politico e istituzionale creato dopo la guerra e sgretolatosi definitivamente con lo scandalo Tangentopoli. Non abbiamo deciso di scrivere un libro di cronaca in cui si ripercorrono tutti gli eventi, ma l'idea è stata quella di coinvolgere persone che, per un motivo o per un altro, hanno vissuto attivamente quel periodo. Giornalisti, storici, professori, e non solo. In questi anni, l'Italia è caratterizzata da scandali, misteri, eventi mai chiariti del tutto. Quindi crediamo sia importante non solo descrivere ciò che è accaduto, ma anche farcelo raccontare da chi ha vissuto sulla propria pelle tutta questa serie di avvenimenti. Non essendo questo un libro di cronaca, seppur sia fondamentale ricostruire le vicende e i contesti prima di riportare le interviste, ci teniamo a sottolineare come le dichiarazioni degli intervistati siano la conseguenza delle loro idee, le loro opinioni e quindi non devono essere lette e interpretate come dati di fatto. Anzi, leggendo il libro si noterà come diversi intervistati abbiano punti di vista contrari sul medesimo argomento, e pubblicare visioni differenti è importante per mantenere un dibattito attivo e costruttivo sulla nostra storia politica e sociale. Sia del passato che del presente.

I partiti principali della "Prima Repubblica"

DEMOCRAZIA CRISTIANA (DC)

La Democrazia Cristiana è stata al capo del governo ininterrottamente dal 1946 fino al 1980, ritornandoci negli anni successivi ma alternandosi ad altri partiti. La DC era suddivisa in correnti e quindi al suo interno vi erano più visioni di pensiero, spesso contrastanti tra di loro che hanno causato delle vere e proprie frizioni e divergenze tra i leader stessi. I valori generali del partito, però, rispecchiavano quelli della società italiana del secondo dopo guerra. Una società molto legata ai valori e alle tradizioni cattoliche, e per ottenere il consenso la DC molte volte si è schierata dalla parte della Chiesa, non tanto per convinzione ma per convenienza. Nel secolo scorso, per citare qualche esempio, il divorzio e l'aborto non solo erano illegali ma erano considerati un crimine verso la Chiesa e i valori cattolici. Per questo motivo la DC nelle battaglie pro/contro aborto e divorzio, si è affiancata alla Chiesa che ha cercato in tutti i modi di evitare la promulgazioni delle leggi pro aborto e divorzio.

I leader principali della DC sono stati Alcide De Gasperi, Giulio Andreotti, sette volte Presidente del Consiglio, Amintore Fanfani, Aldo Moro, Arnaldo Forlani e altri. La DC ha guidato il Paese durante gli anni di piombo e il lungo periodo del terrorismo, venendo colpita da molti scandali di vario genere. Da presunte collisioni con forze eversive come la massoneria alla complicità con la mafia, fino a scandali di natura finanziaria. Durante la guerra fredda l'Italia, alleata con gli Stati Uniti, non ha mai avuto una propria totale indipendenza ma molte scelte, sia di politica interna che estera, sono state condizionate dal volere degli americani. La fine della guerra fredda, storicamente stabilita nel 1989, coincide con l'inizio del declino della DC, che già da qualche anno, a causa dell'omicidio Moro, i vari scandali economici, la scoperta della loggia P2, aveva perso la propria egemonia sulla società italiana. La società stessa stava cambiando, abbandonando, anche se non completamente, quelle tradizioni cattoliche che l'avevano contraddistinta per tutti quegli anni. Negli anni '80 finisce l'era del terrorismo, inizia il cosiddetto periodo del consumismo e della "Milano da bere" che molto ha diviso l'opinione pubblica e su cui parleremo anche noi in queste pagine. In questi anni l'Italia vive un periodo di grande benessere economico, è iniziata una stagione politica e sociale diversa da quella vissuta fino a quel momento.

PARTITO SOCIALISTA ITALIANO (PSI)

L'era del consumismo e del boom economico si registra negli anni '80, periodo in cui il PSI entra nel governo. Il PSI ottiene quel ruolo da protagonista che per gli anni precedenti non è riuscito ad ottenere, complice, tra le altre cose, il cambiare della società e abitudini degli italiani. La Democrazia Cristiana perde gradualmente il potere che aveva, la fine sempre più vicina della guerra fredda apre al mondo sociale e politico scenari nuovi. Bettino Craxi diventa l'uomo politico più chiacchierato, diventando amico e alleato di Silvio Berlusconi, spianando la strada per la nuova politica e società italiana, sempre più vicina al modello americano del consumismo e, piano piano, sempre più distante dalle abitudini cattoliche fortemente presenti da sempre in Italia.

Nel 1992 scoppia lo scandalo Tangentopoli, distruggendo di fatto la partitocrazia in Italia e i principali leader, tra cui Craxi, decisamente il più colpito. Si apre qui una nuova epoca politica, con la discesa in campo di Berlusconi, il quale crea Forza Italia e inaugura un nuovo modo di intendere e fare la politica.

PARTITO COMUNISTA ITALIANO (PCI)

In piena guerra fredda, l'Italia non poteva permettere l'avvicinamento del PCI al governo, e il partito di sinistra è sempre rimasto all'opposizione. Aldo Moro, esponente della sinistra democristiana, ha cercato di formare un governo con l'appoggio dei comunisti, e questa sua decisione è stata probabilmente la causa che hanno spinto le Brigate Rosse a rapirlo il 16 marzo 1978 prima e ucciderlo poi il 9 maggio dello stesso anno.

Attualmente parlare di comunismo in Italia non ha più il valore di una volta, quando il PCI era legato a Mosca e l'Italia vantava il Partito Comunista più grande d'Europa. L'intenzione di Berlinguer era quella di crearsi una propria indipendenza dall'URSS, che spesso non appoggiava le decisioni del leader comunista. Con il finire della guerra fredda, si è dissolto il PCI.

PARTITO REPUBBLICANO ITALIANO (PRI)

Fondato nel 1895, è il partito più antico tra quelli esistenti. È stato il primo partito non democristiano a guidare un governo italiano. Nel 1981, infatti, Spadolini sale a Montecitorio dopo la caduta di Forlani interrompendo l'egemonia DC. Era uno dei 5 partiti del "Pentapartito" insieme a DC, PSI, PSDI, PRI e PLI.

MOVIMENTO SOCIALE ITALIANO (MSI)

Partito di stampo fascista, il MSI è la continuazione del fascismo nell'era repubblicana e post seconda guerra mondiale. I dirigenti del partiti, a partite da Giorgio Almirante, sono reduci politici fascisti, e l'accettazione di un partito fascista nel dopoguerra ha fatto tanto discutere. Le polemiche e le controversie non sono mancate perché alcune persone coinvolte nel terrorismo e nelle stragi hanno avuto relazioni proprio con esponenti del MSI

Governi e presidenti del Consiglio dei Ministri (dal 1943 fino al 2023)

Luogotenenza generale del Regno d'Italia (1944-1946)

- Badoglio I (25 luglio 1943 - 21 aprile 1944)
- Badoglio II (22 aprile 1944 - 17 giugno 1944)
- Bonomi II (18 giugno 1944 - 11 dicembre 1944)
- Bonomi III (12 dicembre 1944 - 20 giugno 1945)

Consulta Nazionale

- Parri (21 giugno 1945 - 9 dicembre 1945)
- De Gasperi I (10 dicembre 1945 - 12 luglio 1946)

Assemblea Costituente

1. De Gasperi II (13 luglio 1946 - 1° febbraio 1947)
2. De Gasperi III (2 febbraio 1947 - 30 maggio 1947)
3. De Gasperi IV (31 maggio 1947 - 22 maggio 1948)

I Legislatura

4. De Gasperi V (23 maggio 1948 - 26 gennaio 1950)
5. De Gasperi VI (27 gennaio 1950 - 25 luglio 1951)
6. De Gasperi VII (26 luglio 1951 - 15 luglio 1953)

II Legislatura

7. De Gasperi VIII (16 luglio 1953 - 16 agosto 1953)
8. Pella (17 agosto 1953 - 17 gennaio 1954)
9. Fanfani I (18 gennaio 1954 - 9 febbraio 1954)
10. Scelba (10 febbraio 1954 - 5 luglio 1955)
11. Segni I (6 luglio 1955 - 18 maggio 1957)
12. Zoli (19 maggio 1957 - 30 giugno 1958)

III Legislatura

13. Fanfani II (1° luglio 1958 - 14 febbraio 1959)
14. Segni II (15 febbraio 1959 - 24 marzo 1960)
15. Tambroni (25 marzo 1960 - 25 luglio 1960)
16. Fanfani III (26 luglio 1960 - 20 febbraio 1962)
17. Fanfani IV (21 febbraio 1962 - 20 giugno 1963)

IV Legislatura

18. Leone I (21 giugno 1963 - 3 dicembre 1963)
19. Moro I (4 dicembre 1963 - 21 luglio 1964)
20. Moro II (22 luglio 1964 - 22 febbraio 1966)
21. Moro III (23 febbraio 1966 - 23 giugno 1968)

V Legislatura

22. Leone II (24 giugno 1968 - 11 dicembre 1968)
23. Rumor I (12 dicembre 1968 - 4 agosto 1969)
24. Rumor II (5 agosto 1969 - 26 marzo 1970)
25. Rumor III (27 marzo 1970 - 5 agosto 1970)

26. Colombo (6 agosto 1970 - 16 febbraio 1972)

27. Andreotti I (17 febbraio 1972 - 25 giugno 1972)

VI Legislatura

28. Andreotti II (26 giugno 1972 - 5 luglio 1973)

29. Rumor IV (6 luglio 1973 - 13 marzo 1974)

30. Rumor V (14 marzo 1974 - 22 novembre 1974)

31. Moro IV (23 novembre 1974 - 11 febbraio 1976)

32. Moro V (12 febbraio 1976 - 28 luglio 1976)

VII Legislatura

33. Andreotti III (29 luglio 1976 - 10 marzo 1978)

34. Andreotti IV (11 marzo 1978 - 19 marzo 1979)

35. Andreotti V (20 marzo 1979 - 3 agosto 1979)

VIII Legislatura

36. Cossiga I (4 agosto 1979 - 3 aprile 1980)

37. Cossiga II (4 aprile 1980 - 17 ottobre 1980)

38. Forlani (18 ottobre 1980 - 27 giugno 1981)

39. Spadolini I (28 giugno 1981 - 22 agosto 1982)

40. Spadolini II (23 agosto 1982 - 30 novembre 1982)

41. Fanfani V (1° dicembre 1982 - 3 agosto 1983)

IX Legislatura

42. Craxi I (4 agosto 1983 - 31 luglio 1986)

43. Craxi II (1° agosto 1986 - 16 aprile 1987)

44. Fanfani VI (17 aprile 1987 - 27 luglio 1987)

X Legislatura

45. Goria I (28 luglio 1987 - 12 aprile 1988)

46. De Mita I (13 aprile 1988 - 21 luglio 1989)

47. Andreotti VI (22 luglio 1989 - 11 aprile 1991)

48. Andreotti VII (12 aprile 1991 - 27 giugno 1992)

XI Legislatura

49. Amato I (28 giugno 1992 - 27 aprile 1993)

50. Ciampi I (28 aprile 1993 - 9 maggio 1994)

XII Legislatura

51. Berlusconi I (10 maggio 1994 - 16 gennaio 1995)

52. Dini (17 gennaio 1995 - 16 maggio 1996)

XIII Legislatura

53. Prodi I (17 maggio 1996 - 20 ottobre 1998)

54. D'Alema I (21 ottobre 1998 - 21 dicembre 1999)

55. D'Alema II (22 dicembre 1999 - 25 aprile 2000)

56. Amato II (26 aprile 2000 - 10 giugno 2001)

XIV Legislatura

57. Berlusconi II (11 giugno 2001 - 22 aprile 2005)

58. Berlusconi III (23 aprile 2005 - 16 maggio 2006)

XV Legislatura

59. Prodi II (17 maggio 2006 - 6 maggio 2008)

XVI Legislatura

60. Berlusconi IV (7 maggio 2008 - 15 novembre 2011)

61. Monti (16 novembre 2011 - 27 aprile 2013)

XVII Legislatura

62. Letta 28 aprile 2013 - 21 febbraio 2014)

63. Renzi (22 febbraio 2014 - 11 dicembre 2016)

64. Gentiloni (12 dicembre 2016 - 31 maggio 2018)

XVIII Legislatura

65. Conte (1° giugno 2018 - 4 settembre 2019)

66. Conte II (5 settembre 2019 - 12 febbraio 2021)

67. Draghi I (13 febbraio 2021 - 21 ottobre 2022)

XIX Legislatura

68. Meloni (dal 22 ottobre 2022)

I presidenti della Repubblica (fino al 2023)

1. Enrico De Nicola, dal 1946 al 1948

2. Luigi Einaudi, dal 1948 al 1955

3. Giovanni Gronchi, dal 1955 al 1962

4. Antonio Segni, dal 1962 al 1964

5. Giuseppe Saragat, dal 1964 al 1971

6. Giovanni Leone, dal 1971 al 1978

7. Sandro Pertini, dal 1978 al 1985

8. Francesco Cossiga, dal 1985 al 1992

9. Oscar Luigi Scalfaro, dal 1992 al 1999

10. Carlo Azeglio Ciampi, dal 1999 al 2006

11. Giorgio Napolitano, dal 2006 al 2013 e dal 2013 al 2015

12. Sergio Mattarella, dal 2015 al 2022 e dal 2022 in corso

0. Preludio

Prima di nascere, la nostra Repubblica ha sofferto tanto e i suoi primi protagonisti hanno vissuto dolorosamente esili, restrizioni o addirittura prigioni e arresti. Il processo che ha portato alla nascita della Repubblica italiana ha secondo noi avuto inizio la notte tra il 24 e il 25 luglio 1943 quando il Gran Consiglio del fascismo si è riunito in votazione nella "Stanza del Pappagallo" di Palazzo Venezia. L'ordine del giorno è presentato da Dino Grandi,e prevede il rispristino delle funzioni statali e le funzioni militari nei panni del Re. In poche parole una sfiducia nei confronti dell'ormai ex Duce, Benito Mussolini. Alle ore 2.30 del mattino del 25 luglio, in 19 votarono a favore, 7 contrari e 1 astenuto. Mussolini, dopo venti anni al potere, è sfiduciato dal Gran Consiglio.

Alle 17 sempre del 25 luglio, l'ex Duce si reca a Villa Savoia –
residenza del Re – per un colloquio con sua maestà. Nel colloquio,
durato 20 minuti, Vittorio Emanuele III comunica a Mussolini la sua
volontà di sostituirlo da capo del governo con Pietro Badoglio;
all'uscita dalla villa, viene arrestato, dal capitano dei carabinieri
Paolo Vigneri, con la motivazione di aver portato l'Italia in guerra,
di essersi alleato coi nazisti e di essere il responsabile della disfatta
dell'invasione della Russia. Vigneri dapprima chiede a Mussolini di
seguirlo per evitare "il linciaggio della folla" e lo arrestò poi
caricandolo su un'ambulanza militare. Il 26 luglio Badoglio è il
nuovo capo del governo.

Il 3 settembre, il governo Badoglio firma con gli Alleati l'armistizio
di Cassabile, che verrà reso noto soltanto l'8 settembre dallo stesso
capo del governo. Il 23 settembre Mussolini, con l'appoggio di
Adolf Hitler, costituisce la Repubblica Sociale Italiana o di Salò
(RSI), la città sul lago di Garda dove avevano sede i ministeri. L'Rsi
è di fatto uno "stato fantoccio" della Germania del Terzo Reich.

Quello che ne segue è praticamente una guerra civile che si aggiunge
alle sfide nelle campagne, nelle montagne e nelle spiagge italiane
degli alleati e dei nazisti. Sono due anni che portano il nostro paese
sull'orlo del collasso. Al 1945 l'Italia ci arriva devastata e
praticamente interamente distrutta.

Il tutto finisce, finalmente, quando il Comitato di Liberazione Nazionale (CLN), a trazione Bonomi, il 25 aprile proclama l'insurrezione generale nel nord del nostro paese (giorno che sarà scelto come festa della Liberazione). Il 27 aprile Mussolini viene fatto prigioniero dai partigiani e il 28, l'ex capo del fascismo, viene giustiziato a Giulino di Mezzegra assieme all'amante Claretta Petacci. I cadaveri di Mussolini, Petacci e degli altri gerarchi fascisti uccisi sono stati poi trasferiti a Milano e appesi a testa in giù in un distributore di benzina di piazzale Loreto. Finisce così l'era fascista nel nostro paese.

Il Comitato di Liberazione Nazionale è composto dalla Democrazia Cristiana, dal Partito Socialista Italiano di Unità Proletaria, dal Partito Comunista Italiano, dal Partito Liberale Italiano, dal Partito d'Azione e dal Partito Democratico del Lavoro. Questi sei, alcuni con gli stessi nomi, altri con nomi diversi, rappresenteranno anche gli ideali del paese da qui fino alla metà degli anni '90. Inizia in Italia il periodo dei partiti di massa.

Già nel 1944, Enrico De Nicola – sarà poi capo provvisorio dello Stato dal '46 al '48 e presidente della Repubblica fino all'elezione di Einaudi nel maggio del 1948 – si incontra con i liberali e si vuole destituire Vittorio Emanuele III, a causa delle sue responsabilità nell'ascesa del fascismo e nel giugno del '44 nomina suo figlio Umberto il luogotenente generale del regno d'Italia.

Da luogotenente, Umberto (futuro Umberto II, il Re di Maggio), promulga il decreto sul referendum attraverso cui la popolazione sceglierà il tipo di stato e voterà l'assemblea costituente per modificare la costituzione che faceva ancora riferimento allo Statuto Albertino nel 1948.

A seguito dei governi di Bonomi prima e di Ferruccio Parri poi, arriva quello che sarà l'ultimo governo dell'era monarchica dell'Italia: nel dicembre del 1945 sale al potere Alcide De Gasperi, segretario nazionale della Democrazia Cristiana.

Il colpo di scena arriva il 9 maggio 1946 quando Vittorio Emanuele III abdica in favore di suo figlio Umberto II, il quale sarà lui a fare la campagna elettorale che porterà al referendum del 2 giugno 1946. Il 2 giugno è forse il giorno più importante del '900 italiano. Gli italiani e le italiane chiamati al voto fanno trionfare la Repubblica contro la Monarchia per 12 milioni a 10 milioni di voti.

Dopo una serie di disordini, nella notte tra il 12 e il 13 giugno, il Re Umberto II riconosce la Repubblica e De Gasperi diventa anche capo provvisorio dello stato per due settimane, fino al 28 giugno. A seguito di una verifica delle schede bianche, l'ufficialità della vittoria si avrà con qualche giorno di ritardo, il 18 giugno quando la Cassazione approva gli esiti del referendum.

Alcide De Gasperi, capo della Democrazia Cristiana, al 1946 ha 65 anni ed è presidente del Consiglio, e ci è arrivato dopo una vita travagliata e movimentata tra esili, sfide e guerre. Inizia in politica rappresentando la minoranza italiana nel parlamento austro-ungarico, aderisce poi, dopo la prima guerra mondiale, nel 1919, al Partito Popolare Italiano ("padre" della Democrazia Cristiana) di Don Luigi Sturzo. In seguito alle vicende fasciste, De Gasperi insieme a Giovanni Gronchi - futuro presidente della Repubblica dal 1955 al 1962 – dirige il Ppi. Nel 1928 la Santa Sede lo libererà dalle carceri fasciste e per 14 anni, dal 1929 al 1943, sarà esiliato in Vaticano. Contribuisce poi, con la Dc, alla rinascita del paese e sarà in futuro per otto volte Presidente del Consiglio, sette durante la Repubblica e una durante la monarchia.

Come detto poco sopra, il 2 e 3 giugno 1946 si sono svolte anche le elezioni per l'Assemblea Costituente. In questo frangente la Democrazia Cristiana di De Gasperi ha concluso al primo posto con il 34% dei voti; di seguito si classificarono i partiti di sinistra come il Psiup (20%) di Pietro Nenni e il Pci di Palmiro Togliatti (19%).

Il presidente della Costituente, al momento, è Giuseppe Saragat – futuro presidente della Repubblica italiana dal 1964 al 1971-. De Nicola viene nominata capo dello Stato Provvisorio dall'Assemblea

Costituente il 28 giugno 1946 e, dopo aver involontariamente inventato la prassi non costituzionale delle consultazioni, incarica subito De Gasperi di formare un governo anche con le sinistre rappresentate dal Pci e dal Psiup. Il secondo esecutivo De Gasperi e primo nella storia della Repubblica Italia giurerà agli inizi di luglio del 1946.

1. *Il piano Solo*

"Sicuramente non era un segreto custodito solamente da Segni e De Lorenzo. Il ministro degli Interni Taviani e il ministro della Difesa Andreotti, che ha sempre sorvolato su questo episodio, quasi sicuramente ne erano al corrente". (Alessandro Giacone)

1.1 Prologo

I primi 15 anni della nostra Repubblica sono stati anni di grandi eventi e lotte su tutto il territorio nazionale. Dal referendum del 2 giugno 1946, la firma della costituzione il 27 dicembre 1947 (a palazzo Giustiniani da parte di De Gasperi – Dc e presidente del Consiglio-, De Nicola – Pli e capo di Stato provvisorio della Repubblica- e Umberto Terracini – del Pci e presidente dell'Assemblea Costituente) e la sua entrata in vigore il 1° gennaio 1948, alle elezioni e l'attentato a Palmiro Togliatti sempre nel '48.

Oltre a queste battaglie, a Roma, precisamente nelle piazze e tra la sede del parlamento, del Senato, del Quirinale e della Presidenza del Consiglio, se ne consumarono altre altrettanto forti, in vista di quello che era un cambiamento che ad alcuni pareva necessario, mentre ad altri inutile. La DC è naturalmente il primo partito, ed è al suo interno che sin dagli anni '50 (dal post De Gasperi) si consumano lunghi scontri per la leadership del partito e per la linea politica da intraprendere. Questo è lo spirito che guida i vari governi Segni, Zoli e Amintore Fanfani, con una breve parentesi nel 1960 del governo

Tambroni in cui si ha avuto uno spauracchio di ritorno al fascismo, il
che ha

creato disordini in tutta Italia e i dibattiti hanno visto protagonisti
anche due futuri presidenti della Repubblica, Sandro Pertini e
Giorgio Napolitano. Sono gli anni del centrismo - l'alleanza di
governo formata da Democrazia Cristiana, Partito Liberale Italiano,
Partito socialista democratico italiano e Partito repubblicano italiano
– e dei tentativi verso la fine degli anni '50 e inizio anni '60 di
introdurre nella compagine di governo il Partito socialista italiano.

Nel 1964 lo scenario è diverso. Al governo c'è Aldo Moro, il
principale fautore nella DC dell'esperienza del centrosinistra, quella
coalizione politica che raccoglie anche l'appoggio del PSI all'interno
della coalizione di governo, abbandonando definitivamente quella
che è stata l'esperienza centrista degli anni '50 e dando seguito
all'apertura già presente nei governi Fanfani III e IV dal 1960 al
1963.

Alcuni però, tra cui Antonio Segni, dal 1962 Presidente della
Repubblica, non erano a favore di questa esperienza di governo. Si
cerca quindi un piano per evitare che a prendere il potere in Italia
siano le forze di sinistra e quindi, insieme al generale De Lorenzo, il
Presidente pensa all'attuazione di una strategia in caso di eventuale
rivolta per la conquista del potere da parte delle forze di ispirazione

socialista e comunista. Il cosiddetto "Piano Solo", un piano di emergenza speciale a tutela dell'ordine pubblico.

Il progetto ha come fine quello di assicurare all'Arma dei Carabinieri (il cui comandante generale era al tempo il generale De Lorenzo) il controllo militare dello Stato per mezzo dell'occupazione dei cosiddetti «centri nevralgici» e, soprattutto, prevede al suo interno un progetto di «enucleazione», cioè il prelevamento e il conseguente rapido allontanamento di 731 persone considerate pericolose del mondo della politica e del sindacato: costoro sarebbero dovuti essere raggruppati e raccolti nella sede del Centro Addestramento Guastatori di Torre Poglina (nei pressi di Alghero), adattata a tempo di record dal Sifar, e dove sarebbero stati «custoditi» sino alla cessazione dell'emergenza. La lista dei soggetti da prelevare è stata ricavata ed elaborata sulla base delle risultanze di riservati fascicoli del Sifar, pretesi da De Lorenzo qualche anno prima. Nel frattempo, l'Arma assumerà il controllo delle istituzioni e dei servizi pubblici principali, compresi la televisione, le ferrovie ed i telefoni.

In pratica, all'ordine del comandante generale (che in teoria avrebbe potuto impartirlo anche *sua sponte*, cioè anche sprovvisto di istruzioni superiori), i carabinieri avrebbero catturato quei personaggi politici loro indicati e li avrebbero inviati in Sardegna via mare o su aerei coi finestrini oscurati, detenendoli in uno dei siti più impervi del territorio nazionale.

Facciamo un piccolo passo indietro, nel 1963 e all'inizio di marzo 1964. Dopo anni di boom economico, si era sviluppata la crisi della lira, dovuta alle richieste di aumenti salariali a seguito del netto aumento di produttività e di disponibilità di prodotti per l'acquisto. Le autorità sono pertanto sotto forte pressione, perché i mercati sperano in una svalutazione della lira stessa. Tutto ciò è fonte di preoccupazione ai piani alti delle istituzioni.

Il 25 marzo 1964 De Lorenzo incontra i comandanti delle divisioni di Milano, Roma e Napoli attuando con essi un piano finalizzato a far fronte a una situazione di estrema emergenza solamente da parte dell'Arma. Il piano prevedeva di occupare anche questure, sedi di partiti e sindacati. La riunione è autorizzata ufficialmente dal generale Rossi.

1.2 Il piano

In merito alla nascita del Piano Solo abbiamo intervistato lo storico e docente universitario Alessandro Giacone:

Perché nasce il Piano Solo?

> Il Piano Solo è stato uno dei numerosi piani di protezione
> dell'ordine pubblico che sono succeduti dagli anni '50 ai primi
> anni '60. La cosa particolare, è sempre stato sottolineato il Piano

23

Solo perché i piani precedenti non sono noti ma sappiamo che c'erano delle disposizioni di sicurezza, in particolare adottate dal Capo della Polizia e queste disposizioni di sicurezza sono state aggiornate via via. Il Piano Solo è uno di questi piani. Ne abbiamo scoperto di recente un altro che è relativo al 1960 quando ci fu questa situazione difficile in particolare a Roma e poi nel resto del Paese. Il Piano Solo viene elaborato soprattutto nel contesto che segue gli eventi della caduta del Governo Tambroni. In particolare, la polizia e l'opinione moderata è rimasta molto colpita dal fatto che a Genova nel luglio del 1960 ci fossero delle manifestazioni, cosa che non era molto originale nell'Italia del dopoguerra. La cosa originale era che la polizia era stata sopraffatta dai manifestanti. E in seguito a questo vengono prese una serie di misure e il Piano Solo è uno di questi piani.

Chi ne era a conoscenza, oltre a Segni e De Lorenzo?

Sappiamo che è stato Segni a chiedere la creazione di un piano per far fronte ad eventuali insorgenze dell'opposizione, si pensa già nel 1961. Ne parla nel 1963, viene creata una brigata meccanizzata per far fronte ad eventuali manifestazioni ma soprattutto in occasione di un viaggio a Parigi che si svolge

nel febbraio 1964. Ammirando i dispositivi messi a punto da De Gaulle e dal governo francese per far fronte a manifestazioni analoghe, Segni chiede al generale De Lorenzo di approntare un piano che poi sarà noto sotto il nome di Piano Solo e che in realtà si tratta di 3 piani distinti. Per elaborare questi piani dà delle indicazioni di massime ai 3 comandanti della parte Nord di Milano, poi del centro e per il Sud e quindi possiamo sapere che questi tre piani vengono redatti dai generali dei carabinieri, per esempio dalla Pastrengo per Milano e quindi sicuramente chi ha scritto materialmente i piani, i colonnelli Mingarelli e altri e soprattutto tutte le persone che potevano essere mobilitate per quanto riguarda l'applicazione di questo piano e quindi tutti i carabinieri di queste zone erano sicuramente al corrente. Il che fa sì che, quando scoppia la famosa crisi del giugno-luglio 1964, iniziano ad apparire delle scritte in varie città di Italia. Sicuramente non era un segreto custodito solamente da Segni e De Lorenzo. Il ministro degli Interni Taviani e il ministro della Difesa Andreotti, che ha sempre sorvolato su questo episodio, quasi sicuramente ne erano al corrente.

Il Piano Solo ha dunque avuto origine da una richiesta del presidente della Repubblica Antonio Segni, che, al ritorno da una visita a Parigi (febbraio 1964), il 26 marzo convoca al Quirinale il generale De Lorenzo per chiedergli di predisporre delle misure di urgenza per far fronte ad eventuali sommosse di piazza. Non era nelle intenzioni del Presidente eseguire un Golpe, ma agitarlo come uno spauracchio a fini politici; il giornalista Indro Montanelli ha aggiunto che De Lorenzo tiene Segni sotto l'incubo del colpo di stato, e che quindi ha bisogno di protezioni da un'eventuale sovversione, non che lo volesse fare lui. Inoltre,ha affermato che quel piano avrebbe favorito, sia pur indirettamente, il PCI (essendo l'unica forza ben organizzata e padrona delle fabbriche e delle piazze) che avrebbe proclamato uno sciopero generale a cui avrebbe aderito tutta la popolazione, di fronte al quale i Carabinieri avrebbero combinato poco o nullae che, sul piano politico, si arriverà alla costituzione di un fronte nazionale democratico a guida comunista.

Il 2 giugno successivo, la tradizionale parata per la Festa della Repubblica è attesa da un numero di militari straordinariamente più elevato del solito. In occasione delle successive celebrazioni per il 150° anniversario della fondazione dell'Arma dei Carabinieri, rimandate dal 7 al 14 giugno per precedenti impegni del Presidente Segni, il comandante De Lorenzo fa sfilare l'appena rodata brigata meccanizzata, con un'impressionante dotazione di armi e mezzi pesanti.

Dopo la sfilata, il Comando generale annuncia a sorpresa che le truppe affluite nella Capitale per le celebrazioni si sarebbero trattenute sino alla fine del mese successivo. A Roma giungono anche i

paracadutisti dei corpi speciali; alcuni gruppi di sottufficiali, addestrati nei mesi precedenti nell'utilizzo di apparecchiature elettroniche di trasmissione, si sono trasferiti in gran segreto e massima riservatezza a Roma e a Milano per essere preparati, in caso di attuazione del piano, così da poter occupare subito le sedi della Rai. Poco dopo, il 25 giugno '64, il primo governo presieduto da Aldo Moro, primo di centro-sinistra della Repubblica, rimasto senza maggioranza nella votazione sul capitolo 88 del bilancio della Pubblica istruzione, si dimette.

La ricomposizione sembra difficile e un'eventuale riedizione del centrosinistra non piace a Segni, poiché vedeva, in prospettiva, rischi gravi di destabilizzazione per la democrazia italiana.Il dibattito politico di inizio anni '60, infatti,si basava principalmente sulla nuova fase politica di centro-sinistra inaugurata nel 1962 dal quarto governo Fanfani col sostegno esterno del Psi e poi proseguita con l'inclusione dei socialisti stessi nel primo governo formato da Moro.

In una riunione del 28 giugno, si è anche parlato del trasporto delle personalità politiche da arrestare. L'organizzazione del trasporto viene infatti stabilita con i capi di Stato Maggiore della Marina e dell'Aeronautica ai quali De Lorenzo avrebbe parlato soltanto di trasmissioni e telecomunicazioni e del trasporto dei ritenuti «sovversivi» in Sardegna.

Il 15 luglio, fatto mai visto prima e non più ripetuto per un comandante militare, De Lorenzo fu convocato ufficialmente dal Capo dello Stato Antonio Segni nel corso delle consultazioni per la nomina del nuovo governo. Immediatamente dopo, venne consultato anche il Capo di Stato Maggiore della Difesa generale Aldo Rossi.

1.3 La mancata attuazione del piano

Come scritto qualche riga qui di sopra, lo scontro politico tra Segni e Moro è sul centro-sinistra. Moro è di gran lunga favorevole a una apertura a sinistra, grazie anche al sostegno di una parte della Dc e un tiepido avvicinamento del Pci. Segni risponde al politico pugliese minacciandolo con la possibilità (e forse Segni aveva anche la volontà di farlo) di un governo di tecnici sostenuto dai militari. L'uomo a cui Segni prevede di dover far riferimento per l'affidamento delle funzioni di governo sarebbe stato il Presidente del Senato Cesare Merzagora, che poco tempo prima si era fatto notare per una singolare affermazione in cui dichiarava di attendersi che i partiti politici avrebbero avuto vita breve, invocando un Governo di emergenza.

Il 17 luglio avviene lo snodo decisivo di questa vicenda. Moro si reca al Quirinale, con l'intenzione di accettare l'incarico per formare un nuovo esecutivo di centro-sinistra. Durante le trattative, infatti, il Psi, su impulso di Nenni, aveva accettato il ridimensionamento dei suoi programmi riformatori. La crisi rientra e nessun carabiniere dovette muoversi.

Moro, insieme a Nenni (che nel 1967 rievocherà quel periodo come quello del *tintinnio di sciabole*),opta per un più tranquillo e morbido ritorno alla formula governativa precedente, che avrebbe evitato rischi alquanto inquietanti, e il PSI rilascia prudenti comunicati di rinuncia ad alcune richieste di riforme che prima aveva avanzato come prioritarie.

Il 7 agosto, giorno successivo all'insediamento del nuovo esecutivo, Segni viene colpito da un ictus celebrale nel corso di un'infuocata discussione con Moro e Giuseppe Saragat (che sarà suo successore alla presidenza della Repubblica nel dicembre dello stesso anno). Le funzioni di Presidente vengono assunte, come da carta costituzionale, proprio dal già citato Presidente del Senato Cesare Merzagora.

1.4 La scoperta

Sembra quindi tutto finito. Il peggio sembra essere passato e nessuno, a quanto pare, ha scoperto niente. Nel dicembre del '65, De Lorenzo diventerà addirittura capo di stato maggiore dell'Esercito. Il suo intento di tenere il piano segreto è riuscito alla grandissima. Fino a quando, nel 1967, dopo la pubblicazione di un'intervista al senatore Ferruccio Parri e alla successiva pubblicazione di alcuni articoli su "L'Espresso" di Eugenio Scalfari, all'epoca direttore del periodico, e di Lino Jannuzzi, inizia la campagna giornalistica che ricostruirà le vicende del cosiddetto "bimestre nero" dandone i connotati di un colpo di stato incompiuto. In seguito alle pubblicazioni, De Lorenzo querelerà i due giornalisti, i quali saranno in primo grado condannati, ma, successivamente alla remissione della querela del generale, tutto si è concluso con un nulla di fatto.

Lo stesso De Lorenzo - che era già stato destituito per il caso delle deviazioni del SIFAR dal suo incarico allo stato maggiore dell'esercito –ha subito diverse inchieste ministeriali del ministero della Difesa; al vertice dell'Arma dei Carabinieri assurse di fatto il vicecomandante generale, Giorgio Manes, peraltro già precedentemente in urto con De Lorenzo. Manes, uno fra i primi ad ammettere pubblicamente l'esistenza del piano, passerà a dirigere un'investigazione che si risolverà nel famoso «rapporto Manes».Il generale Manes era in realtà partecipe del piano e anzi taluni suoi appunti

privati del tempo sono stati in seguito esaminati in sede giudiziaria per ricostruirne le fasi dell'approntamento. Viene istituita una commissione parlamentare d'inchiesta che, insieme alle inchieste militari, censura con espressioni dure il comportamento tenuto da De Lorenzo, ma ritiene che il suo piano illegittimo (perché approntato all'insaputa dei responsabili governativi e delle altre forze dell'ordine e affidato unicamente ai carabinieri) fosse irrealizzabile e fantasticante, bollandolo di fatto come «una deviazione deprecabile» ma non come un tentativo di colpo di Stato.

Parte del materiale raccolto dagli organismi che hanno indagato è stato coperto per motivi di sicurezza,facendo mancare perciò il necessario materiale d'esame, e anche la lista degli «enucleandi» è andata perduta (mentre i fascicoli SIFAR sono stati distrutti).

Nel frattempo, nel 1968, De Lorenzo diventa deputato tra i monarchici e con la mozione n. 484 del 9 ottobre 1968 tenterà addirittura di organizzare e decidere come si sarebbero dovuti svolgere i lavori di inchiesta parlamentare che lo riguardavano.La commissione parlamentare d'inchiesta che si è occupata del caso, istituita con la legge 31 marzo 1969, n. 93 e presieduta da Giuseppe Alessi, terminerà i lavori nel dicembre del 1970 escludendo perentoriamente ogni tesi dolosa di tentato colpo di stato: il Piano, rimasto allo stato di bozza, non viene in definitiva ritenuto attuabile, non essendo emersa alcuna prova a favore dell'esistenza di un proposito di organizzare un golpe.

Il piano, come ricostruito negli anni successivi, ha avuto origine e integrazione insieme con altri progetti militari segreti volti a distribuire sul territorio forze in grado di operare per la reazione ad eventuali svolte sovversive o eversive, o a manovre di invasione, attraverso una rete clandestina già seminata da organizzazioni e strutture del tipo Stay-behind ("Gladio" in Italia), coordinate dalla Nato attraverso la Shape e i comandi Ftase.

Per concludere il capitolo, anche Alessandro Forni, presidente dell'ANPI di Cervia, ci ha dato il suo punto di vista su questo particolare periodo della nostra storia:

> Per me non è che volessero fare un vero colpo di Stato. Più che altro, si voleva dimostrare che avrebbero potuto fare un colpo di Stato. Dovevano dare un segnale. Non conveniva a nessuno un colpo di stato, perché voi pensate che c'era ancora un partito

comunista molto forte e sarebbe dovuto esplodere una guerra civile con conseguenze di sangue non indifferente. Non eravamo la Grecia,

ecco[1]. Quindi era più una pressione sulla nostra classe dirigente, su quei 50-10-200-300 uomini politici. Poi noi non abbiamo saputo niente di questi argomenti, abbiamo saputo dopo. È come certi segnali, come il Piano Solo ad esempio. Anche quello è stato un segnale di dare un alt, un freno alle riforme del centro-sinistra, perché il centro-sinistra stava portando avanti tutta una serie di riforme, dalla nazionalizzazione dell'ENEL, la riforma delle scuole, che si applicò solo alla scuola media, poi ci fu il tentativo della riforma del sistema immobiliare fatta da Sullo che anche quello fu bloccato, la riforma urbanistica di Sullo. E anche Sullo la pagò cara perché fu silurato, finì politicamente. Quindi per dire come era difficile fare politica, stare in equilibrio.

---

[1] Per saperne di più su quanto accaduto in Grecia tra la fine degli anni '60 e inizio '70, si cerchi "Dittatura dei colonnelli in Grecia"

2. Piazza Fontana e il terrorismo

"Perché si chiama strategia della tensione? Crea paura, quando si crea essa, i cittadini tendono a cercare e a volere ordine, hanno paura" (Simona Colarizi)

Nel capitolo precedente abbiamo parlato del Piano Solo e della "minaccia comunista" che ha caratterizzato la storia e gli eventi della Prima Repubblica fin dalla sua nascita. Lo scoppio della guerra fredda è stato lo scenario che ha fatto da contorno alla maggior parte delle situazioni che si sono verificate dal 1946 fino all'89, anno in cui cade il muro di Berlino e viene meno la contrapposizione ideologica, politica ed economica tra Occidente ed Oriente. In Italia, in particolare dagli anni '60 in poi, si vive un clima sociopolitico molto teso, che storicamente e giornalisticamente prende il nome di "anni di piombo". In questi anni si assiste all'esplosione del terrorismo nel nostro Paese, in cui diversi gruppi extraparlamentari, sia di destra che di sinistra, minacciano la democrazia e la stabilità dello Stato e delle sue istituzioni. Per comprendere meglio questo periodo, capire perché si è arrivati a questa situazione di conflitto armato e come ha reagito lo Stato ci siamo affidati all'analisi e al commento di importanti storici e giornalisti.

Innanzitutto, c'è da definire il "pericolo" comunista, che minaccia i Paesi del Patto Atlantico, di cui l'Italia fa parte e deve farsi garante di impedire l'avvicinamento dei comunisti al potere. Ma da cosa deriva esattamente questa "paura" del comunismo e perché era visto come una minaccia per il nostro Paese? L'abbiamo chiesto a Simona Colarizi, storica e scrittrice, autrice di numerosi libri che raccontano l'evoluzione dei partiti e più in generale della politica italiana dal secondo dopoguerra in poi.[2]

Perché nel secondo dopoguerra si sapeva già che cos'era la dittatura staliniana. La paura del comunismo percorre tutta la storia dell'Italia liberale se no non si capirebbe il fascismo. Poi bisogna considerare che nel secondo dopoguerra l'Italia è entrata nella sfera di influenza americana, c'è una guerra fredda in atto e quindi la paura del comunismo è una paura che tiene orchestrata tutti i partiti che hanno fatto la scelta occidentale. Nel secondo dopoguerra, nel '48 le divisioni all'interno di un

Paese sono divisioni classiste molto forti perché riflettono una società classista per cui la contrapposizione politica è anche contrapposizione sociale, borghesia contro proletariato. La politica è vissuta come un'ideologia totalizzante e il comunismo è una Chiesa così come è una Chiesa la Chiesa cattolica. Le due maggiori forze del sistema italiano, DC e PCI, si scontrano in uno scontro ideologico.

Lo scontro ideologico di cui ha parlato la Colarizi potrebbe spiegare le motivazioni che si celano dietro allo scoppio del terrorismo. Negli anni '60 si registrano i primi disordini sociali, culminati nel '69 con il primo vero e proprio atto di terrorismo in Italia, con la strage di Piazza Fontana di cui torneremo più avanti. Prima, è opportuno spiegare le motivazioni che hanno portato a questi gravi disordini sociali e politici. Simona Colarizi ci ha spiegato anche questo.

---

[2] Per un'analisi sulla storia dei partiti, sui loro principali rappresentanti, sulle alleanze e rapporti tra i vari partiti si consiglia la lettura di "Storia politica della Repubblica 1943-2006", (Simona Colarizi, *Edizioni Laterza*, 2007)

Dobbiamo ritornare all'Italia del dopoguerra: rottura della continuità rispetto al fascismo. Vi è un cambiamento istituzionale da monarchia a repubblica, da dittatura a democrazia, nel parlamento siedono tutti antifascisti. La Costituzione è fatta da tutti i partiti antifascisti, costituzione molto avanzata e democratica rispetto ad un paese che socialmente, economicamente è arretrato rispetto all'Europa, in cui l'Italia è collocata. Facciamo un grande balzo e arriviamo al boom economico, dove, l'Italia qui sopra descritta, entra in una nuova era, si passa da una Italia contadina a industriale (consumi, la società si laicizza, ideologie totalitarie declinano). La nuova generazione di persone voleva vivere nel progresso, senza i vincoli che la DC aveva imposto: cappa clericale e conformista che pesava sull'Italia. Avviene un cambiamento a cui le nuove generazioni guardano con enorme interesse e lo cavalcano, e ci sono naturalmente le forze che vogliono bloccarlo. È un po' quello che viviamo oggi: viviamo nella rivoluzione tecnologica che ha azzerato il mondo di prima ma ci sono una serie di forze politiche e interessi che non vogliono cavalcare questo cambiamento. La storia è fatta di questi contrasti che diventano pesanti quando c'è un passaggio da un'epoca storica all'altra. Negli anni '60 si passa dall'epoca contadina all'epoca industriale. A fine anni '70 dall'epoca industriale all'epoca tecnologica. Si arriva alla strategia della tensione per governare questa nuova società degli anni '60, abbiamo un cambiamento politico: da una molto moderata/conservatrice, al centrosinistra con il PSI al governo. Le forze conservatrici e reazionarie non accettano il cambiamento, sono sospettose, temono che l'Italia viri a sinistra.

Fino al 1989, data del crollo del muro di Berlino, l'Italia è in Guerra Fredda. L'Italia ha due vincoli esterni: vincolo atlantico con gli USA, gli americani non vogliono che l'Italia scivoli dalla parte dell'Urss perché andare a sinistra è il pericolo di arrivare al comunismo. Va ricordato che l'Italia ha il maggior PCI di tutta Europa. Poi c'è

il vincolo sovietico che pesa sul PCI, dall'URSS si distacca solo quando cade il muro. Questi due

vincoli creano la difficoltà di governare un paese giovane, in cui si voleva andare oltre i diritti, ma libertà sociali e non solo civili. Libertà che cambiassero le famiglie, le donne ecc... E allora c'è la risposta di chi non vuole questo cambiamento, e c'è la strategia della tensione. Perché si chiama strategia della tensione? Crea paura, quando si crea essa, i cittadini tendono a cercare e a volere ordine, hanno paura. C'è la paura. Si inizia a Piazza Fontana il 12 dicembre 1969 dove degli innocenti saltano in aria. Questo innesca un grande movimento che porta alla notte della Repubblica, gli anni di piombo, ma che è la reazione della destra e dei servizi NATO e segreti deviati. La strategia è questa: facciamo paura in modo che le persone cerchino un governo autoritario che riporti l'ordine perché il contesto è movimentista, il '68 è una grande mobilitazione in generale, non solo gli studenti, si stanno mobilitando tutte le grandi masse. Una società che vuole crescere, vuole diritti, vuole più democrazia. In questo si innescano le cellule rivoluzionarie e c'è la reazione delle forze nere, stragiste.

La guerra fredda coinvolge direttamente e indirettamente tutti gli Stati, movimenti e rivoluzioni non si registrano solamente in Italia ma anche in altri paesi d'Europa. Ce lo spiega meglio Alessandro Giacone, storico, scrittore e docente universitario.

Professor Giacone, da cosa sono nate le tensioni sociali che hanno poi causato il periodo denominato "anni di piombo"?

Come ogni movimento di massa le cause sono sempre molteplici. Probabilmente una situazione internazionale, perché quello che avviene in Italia avviene anche negli altri Paesi, cioè forti sommovimenti tra gli studenti, prima negli Stati Uniti nel 1966, poi nell'Italia stessa poi in Francia nel maggio 1968 e poi anche in Germania. Ovviamente non tutti questi movimenti sono poi sfociati in azioni terroristiche, ci mancherebbe altro, però una piccola frazione, una parte di questi manifestanti hanno trovato un approccio più radicale, quello che si può chiamare "lottarmismo", cioè ottenere delle conquiste sociali tramite l'uso delle armi. L'altro motivo, che riguarda invece l'Italia, è che nel 1968-69 inizia a finire una congiuntura economica molto favorevole, gli anni del miracolo economico, e soprattutto anche una certa insoddisfazione dopo 5 anni di governo di centrosinistra di Aldo Moro su cui si sperava molto per cambiare e ammodernare il Paese. E quindi è una sorta di reazione a questa delusione. Diciamo che una frangia sempre più radicale della popolazione non si riconosceva nella Democrazia Cristiana, non si riconosceva neanche nel riformismo del Partito Socialista ma non si riconosceva neanche più nel Partito Comunista considerato troppo moderato.

Una parte della popolazione quindi non si riconosceva nei principali partiti italiani, che rappresentavano invece gran parte della popolazione. Da questa mancanza di riconoscenza sono nati i gruppi extraparlamentari, gruppi di estrema destra e sinistra che, con modalità e principi differenti, hanno dichiarato una guerra allo Stato e alle persone che professionalmente lo rappresentavano, come ad esempio le forze dell'ordine. È lo stesso professor Giacone a spiegarci le differenze tra i gruppi extraparlamentari di destra e di sinistra

La principale differenze è che l'estremismo di sinistra, soprattutto dalla seconda metà degli anni '70 fa sempre degli attentati mirati, prima le gambizzazioni poi degli omicidi, e ovviamente questi omicidi erano omicidi mirati, un giornalista, un magistrato, un politico. E tra questi obiettivi mirati c'era anche il personale delle scorte che accompagnava questi politici. L'estremismo di estrema destra, in particolare questi attentati, queste stragi da Piazza Fontana fino a Piazza della Loggia passando per l'Italicus, Peteano, ecc, sono attentati meno mirati perché l'obiettivo è soprattutto terrorizzare la popolazione colpendo in modo indiscriminato. 'Metto una bomba, non sappiamo chi farà vittima'. Penso che questo sia la principale differenza.

La strage di Piazza Fontana, citata da Giacone, avviene il 12 dicembre 1969. È il primo atto terroristico del nostro Paese del secondo dopoguerra. Contestualizziamo politicamente l'Italia di quel periodo. Il capo dello Stato era Giuseppe Saragat, al governo c'era il democristiano Mariano Rumor nel suo primo mandato. L'esecutivo era composto da una coalizione tra DC, PSU e PRI. Il 12 dicembre 1969 scoppia una bomba nella Banca Nazionale dell'Agricoltura a Milano provocando 17 morti e 88 feriti. La matrice dell'attentato appare fin da subito incerta, ma la magistratura e gli inquirenti puntano immediatamente il dito sulla pista anarchica, rivelatasi successivamente falsa. Dopo oltre 50 anni sappiamo che in realtà l'attentato è stato compiuto materialmente da Ordine Nuovo, cellula veneta di estrema destra. Lo scontro ideologico extraparlamentare tra destra e sinistra è arrivato a livelli estremi nei giorni immediatamente successivi all'attentato. Il caso legato al ferroviere e anarchico Giuseppe Pinelli, ingiustamente individuato come responsabile e morto in seguito ad una caduta dalla finestra dopo tre giorni di interrogatori, è il simbolo dei misteri e delle verità mai trovate e sempre nascoste fin dagli albori degli anni di piombo. La caduta dalla finestra di

Pinelli, inizialmente archiviata come suicidio o come una conseguenza dovuta ad un malore, è ancora oggetto di discussione ma con il passare del tempo, tra inchieste e interrogatori, si ritiene che la pista dell'omicidio volontario da parte delle forze dell'ordine sia quella più plausibile[3]. La morte di Pinelli, spacciata per suicidio, poteva essere un chiaro segnale della sua responsabilità, o quantomeno degli anarchici, nella strage di piazza Fontana. Con il passare del tempo i processi, anche se nel giro di tanti anni, sono stati fondamentali per ricostruire gli avvenimenti e identificare i responsabili. Nonostante rimanga ancora una lacuna processuale molto grave, cioè chi siano i veri mandanti della strage, grazie al contributo del giornalista e scrittore Carlo Lucarelli cerchiamo di fare chiarezza su quello che è fuoriuscito dalle indagini. Lucarelli, tra le altre sue opere, ha scritto anche un libro su Piazza Fontana. [4]

Carlo Lucarelli, qual è secondo lei la versione più coerente tra le tante ipotesi fatte su questa strage?

> Sulla strage di Piazza Fontana, studiando e leggendo le carte, noi partiamo sempre con l'idea che ci sia un grande mistero, in realtà esistono cinque verità assodate che ci dicono i processi: è stata organizzata nell'ambito della strategia della tensione; è avvenuta per destabilizzare tutta Italia; è stata organizzata dalla cellula

---

[3] Si consiglia la lettura di "Pasolini un omicidio politico. Viaggio tra l'apocalisse di Piazza Fontana e la notte del 2 novembre 1975" (Paolo Bolognesi, Andrea Speranzoni, *Castelvecchi Editore*, 2017)
[4] "Piazza Fontana" (Carlo Lucarelli, *Einaudi*, 2007)

veneta di Ordine Nuovo; è stata organizzata da Freda e Ventura, anche se poi non sono stati più processabili; infine, di questa strage erano a conoscenza sicuramente i servizi segreti americani e italiani. Questa è la strage di Piazza Fontana.

Sui colpevoli e sui mandanti mai giudiziariamente trovati, abbiamo parlato con Paolo Bolognesi, politico e presidente dell'Associazione dei familiari delle vittime della Strage di Bologna, di cui parleremo più avanti. Bolognesi durante la sua carriera si è a lungo occupato sullo studio, anche e soprattutto processuale, della strategia della tensione, di cui la strage alla stazione di Bologna occupa una certa importanza. Dopo l'attentato a Milano, è nata immediatamente una guerra tra gruppi extraparlamentari per scaricarsi la colpa a vicenda, mettendo in atto depistaggi che hanno complicato enormemente i lavori volti alla ricerca della verità.

C'è sempre stata la ricerca di fare in modo di dare la colpa alla pista rossa. C'è stata per la strage di Piazza Fontana, con la faccenda dell'anarchico Valpreda. Faccio un inciso, nell'ultimo processo sui mandanti che c'è stato a Bologna, è stato interrogato uno dei servizi segreti che dice 'io due giorni dopo la strage di Milano sono andato a Padova e sono andato nella valigeria che aveva confezionato le borse dove dentro c'era l'esplosivo e ho saputo chi aveva comprato le borse, ho imparato chi aveva tutto come contorno e l'ho portato il giorno dopo ai capi del SISMI'. Ecco, questo vuol dire che Valpreda due giorni dopo poteva essere benissimo rilasciato senza tanti problemi, senza nemmeno la morte di Pinelli tanto per essere molto chiari. Ma Valpreda è stato inquisito da subito come quello che aveva portato la bomba, ed è stato scagionato con formula dubitativa nell'85. Perciò dal '69 all' '85 questa pista è rimasta in piedi. E questa è una spiegazione per cui la strage di Piazza Fontana a tutti gli effetti è rimasta con nessun colpevole. È stata la Cassazione a dire che la pista è fascista, che verosimilmente sono stati Freda e Ventura ma siccome sono già stati assolti in precedenza non si possono rigiudicare. Quindi questo è il valore dei depistaggi, che alla fine ti porta a questo vuoto qua.

La strategia della tensione e della paura prosegue e non si manifesta solo sottoforma di attentati e disordini sociali. Un anno dopo, infatti, tra la notte del 7 e l'8 dicembre, avviene un tentativo di colpo di Stato, ribattezzato e passato alla storia come "golpe Borghese", perché guidato dal generale Julio Valerio Borghese. Il golpe, progettato nei minimi dettagli, si ferma di colpo a lavori già iniziati. Perché? Da chi venne l'ordine? Spiega Giacone:

È una questione su cui si è discusso a lungo. Il Comandante Borghese poco prima di morire ha lasciato un testamento e in questo testamento che probabilmente è di suo pugno cerca di spiegare agli uomini che erano pronti per venire nella notte dell'Immacolata, tra il 7 e l'8 dicembre del 1970 per quale motivo all'ultimo tutto è stato praticamente smantellato, quando addirittura alcuni uomini erano già presenti nella sede del Viminale al Ministero degli Interni. Borghese ha ricevuto una telefonata all' ultim'ora che ha detto di bloccare tutto. Non sappiamo chi ha fatto questa telefonata. C'è chi ha parlato di Almirante, c'è chi ha parlato di ambienti vicini al Ministro della Difesa ma l'autore di questa telefonata non è noto. Si è detto anche uno dei consiglieri principali di Andreotti, cioè Gilberto Bernabei. Fatto sta che Borghese pensava di essere finito in una specie di trappola, che lo mandavano a fare un colpo di Stato non per creare un nuovo regime democratico ma soprattutto per arrestare i golpisti ed ecco che a questo punto Borghese ha ritenuto più prudente sospendere tutto. Noi sappiamo che Borghese poi morirà nel 1974, è stata prospettata anche la tesi del suo avvelenamento nei suoi confronti.

Del golpe Borghese ha parlato anche Simona Colarizi.

Il Golpe Borghese è un tentativo che entra all'interno della strategia della tensione, fatto da una parte dei servizi segreti deviati. Tra l'altro gli italiani sanno del Golpe Borghese due anni dopo così come hanno saputo tre anni dopo del tentativo di colpo di stato del 1964. Gladio è un'altra cosa, una milizia della NATO, servizi segreti che sono collegati ai servizi segreti della NATO nella lotta contro il comunismo. È una lotta preventiva, perché laddove in Italia viene individuato un possibile pericolo comunista si attrezzavano le milizie dall'altra parte. Questa è una pagina molto discussa perché anche i comunisti preparavano delle loro

44

milizie, non è escluso, anzi ci sono delle prove, perché è tutto preventivo in funzione di una ipotetica rivoluzione in cui i gladiatori erano una milizia civile che doveva intervenire in caso di una guerra civile in Italia.

Essendo che il terrorismo era mirato a colpire lo Stato, è giusto riflettere e capire come lo Stato abbia reagito a quella dura situazione. Ha risposto Alessandro Giacone

La questione dello Stato è molto vasta, lo Stato comprende sia la parte politica, Presidente del Consiglio, Presidente della Repubblica, il Ministro della Difesa, il Ministro degli Interni, e poi c'è la parte dei servizi segreti, parte dell'esercito e anche una magistratura. E' un gioco molto complesso. Non sono mai emerse prove sul fatto che un Presidente del Consiglio, un Presidente della Repubblica abbia direttamente richiesto azioni stragiste e ovviamente ci mancherebbe altro. Innanzitutto dobbiamo scartare l'ipotesi dei servizi segreti deviati, cioè frange impazzite che facessero queste cose. È chiaro che i servizi segreti hanno sempre obbedito ad ordini superiori, quello che manca è il contatto tra questi ordini superiori. Per dare un nome, il generale Miceli che era il capo all'epoca dei servizi segreti, del SID, è stato implicato nel golpe Borghese e manca sempre il collante tra il potere politico e questi alti funzionari. Allora la versione più plausibile è che almeno per il primo attentato della strategia della tensione, cioè Piazza Fontana, ci sia stato un input da parte di alcuni settori militari NATO che erano presenti in Italia, a Verona. Loro hanno fornito l'esplosivo e avevano dei contatti con ambienti di estrema destra, di Ordine Nuovo che poi organizzano materialmente questi attentati. Da parte dello Stato c'è ovviamente sempre una condanna ferma di queste stragi ma visto che almeno nel primo caso c'è una possibile implicazione degli Stati Uniti qui iniziano i depistaggi. Non si depista perché i depistatori sono gli organizzatori degli attentati, si depista perché se scoprissero i contatti tra gli estremisti di destra e settori in particolare atlantici allora questo metterebbe in pericolo le alleanze. Poi ovviamente c'è anche lo Stato che reagisce, ci sono le prese di posizione e le partecipazioni ai funerali delle vittime, questo subito a Piazza Fontana a Milano poi fino alla strage di Brescia nel 1974. Poi ovviamente c'è l'azione della magistratura, che è un mondo molto diversificato, tra chi dà la colpa della strategia della tensione agli anarchici e agli estremisti di sinistra e chi con un certo coraggio imboccherà la pista che poi si è rivelata giusta cioè quella dell'estremismo di destra.

3. *Il caso Moro*

"Trattando, davi un riconoscimento politico molto forte alle Brigate Rosse, e avrebbero dovuto dire: 'esiste un contro-stato chiamato Brigate Rosse con il quale noi dobbiamo venire a patti'; questa è una cosa, ed io sono d'accordo, che lo Stato non può fare" (Carlo Lucarelli)

Sono anni tesi quelli che precedono il 1978. È il periodo più intenso degli anni di piombo: tra stragi e tentativi di Golpe, il paese lotta praticamente ogni giorno contro un nemico difficilissimo da sconfiggere.

Un anno particolare, spesso sottovalutato ma molto importante per capire ciò che avverrà gli anni successivi, è il 1974. Il presidente del consiglio è Mariano Rumor. Il leader veneto è alla sua quarta esperienza di governo, a cui, proprio nel '74, seguirà anche la quinta. Il quarto esecutivo Rumor è un governo di "centrosinistra organico" (DC, PSI, PSDI, PRI), mentre il quinto non vede all'interno della compagine i repubblicani di Ugo LaMalfa.

Il ministro degli esteri è Aldo Moro, alle finanze abbiamo Emilio Colombo, Giolitti al bilancio e LaMalfa al tesoro. In questo governo cambia il modo di gestire il paese, avverranno infatti tante riunioni tra i "ministri finanziari" per rilanciare la programmazione dopo l'inflazione a causa della crisi energetica del 1973-74. Rumor insiste sull'aumento del debito pubblico e dell'inflazione, questo corrode i

salari. A colpire il Sud, inoltre,è il colera che si diffonde per tutta
Napoli.

Rumor introduce l'austerity per limitare il circolo delle automobili e
dell'utilizzo dell'energia elettrica. Inizia anche farsi strada in questo
periodo il giornalista Mino Pecorelli, il quale indaga su grosse
tangenti coperte dalla finanza nel cosiddetto "scandalo dei petroli",
ovvero una mega tangente pari al 3% del valore del contratto del
petrolio, la quale serviva a sovvenzionare i partiti. Uno dei politici
più colpiti da questo scandalo è stato il capo della segreteria di
Moro, Sereno Freato.

Nel febbraio del 1974, contro le politiche del governo Rumor, uno
sciopero dei sindacati ha portato a uno scontro tra i ministri Giolitti e
LaMalfa che si è concluso con le dimissioni di quest'ultimo e al
crollo del governo. Il quinto governo Rumorha inoltre chiesto 1
miliardo di prestito al fondo monetario internazionale (FMI) e vede
Giulio Andreotti alla difesa. È con questo esecutivo, e con Andreotti
a palazzo Baracchini, che si esaurisce la strategia della tensione;
avvengono infatti lastrage di Brescia a Piazza della Loggia nel
maggio del 1974 e il 4 agosto 1974 la strage del treno Italicus. Si
indaga su alcuni dossier del SIFAR, che la commissione riterrà
illeciti. "Il divo" organizza infatti un rogo per bruciarli, alcuni, però
(i più importanti), vengono fotocopiati e finiscono nelle poco
sapienti mani di Licio Gelli, maestro venerabile della loggia
massonica P2. Come il quarto, il quinto governo Rumor cade per
contrasti economici col il partito socialista italiano e a causa di

alcuni contrasti interni alla DC in seguito al referendum del divorzio del 12-13 maggio 1974.

Al ministero degli esteri, come scritto anche qui di sopra, c'era Aldo Moro. Durante questi due anni di Moro agli esteri avvenne la strage di Fiumicino, ovvero il primo atto di terrorismo internazionale in Italia. I terroristi aprono il fuoco nell'aeroporto di Fiumicino, causando dieci morti. È qui che Moro concludeun accordo informale con l'OLP, il cosiddetto "il lodo Moro". Si tratta del riconoscimento dei palestinesi come forza di resistenza e dà loro il potere di circolare in Italia. In cambio, loro, non avrebbero più fatto stragi sul nostro paese. In realtà, questo accordo era già stato negoziato e forse anche già firmato da Mariano Rumor nel 1969, tramite il colonnello Giovannone di stanza a Beirut. Accordo che poi Andreotti prima e Moro poi confermeranno.

In questo decisivo anno per la politica mondiale crollano la "dittatura dei colonnelli" in Grecia e avviene la "rivolta dei garofani" che fece crollare la dittatura in Portogallo.

È l'anno del Watergate negli Usa che porta alle dimissioni di Nixon e alla Casa Bianca subentra il suo vicepresidente, Gerald Ford.Dopo le dimissionidi "Tricky Dick" Nixon, viene creata la Commissione Pike e si scopre che tra le malefatte dell'amministrazione dell'ex presidente c'è anche la vendita di aerei militari Lockheed all'Europa. Nasce così lo scandalo Lockheed, di cui parleremo più avanti.

Nel 1974 sta iniziando anche il terrorismo dell'estrema sinistra con le Brigate Rosse.

Il 29 settembre del 1974, il ministro degli esteri Moro accompagna il presidente del Repubblica Giovanni Leone in una visita negli Stati Uniti. Leone incontra il presidente Ford. Insieme a Ford c'è il segretario di stato americano, Henry Kissinger, premio Nobel per la pace del 1973, decisivo anche per il colpo di stato in Cile di Pinochet sempre dello stesso anno.

In questo frangente, l'ex presidente del Consiglio si sente male e anticipa il suo ritorno in Italia a causa di alcuni e tormentosi problemi di pressione. Stando a quanto raccontano gli storici, egli si sarebbe sentito male perché il segretario di Stato, Kissinger, avrebbe detto a Moro che doveva smettere di perseguire i suoi obiettivi di compromesso storico e collaborare col governo americano oppure l'avrebbe pagata cara. Kissinger nelle sue memorie scrisse di Moro: "Veniva descritto come il cervello più fine e sottile della politica italiana, per me era già un miracolo riuscire a tenerlo sveglio". Moro, tornato da questo viaggio in USA, dichiarerà ai suoi collaboratori la volontà di lasciare la politica.

Che cos'era però il cosiddetto "compromesso storico" a cui il leader democristiano aspirava?

In realtà, la proposta di accordo arrivò dopo il colpo di stato in Cile del 1973 da Enrico Berlinguer, segretario del Partito Comunista Italiano, attraverso una serie di articoli su "Rinascita":

1. Rinascita n°38 del 28 settembre 1973, dal titolo: "Imperialismo e coesistenza alla luce dei fatti cileni – Necessaria una riflessione attenta sul quadro mondiale";
2. Rinascita n°39 del 5 ottobre 1973, dal titolo: "Via democratica e violenza reazionaria – Riflessione sull'Italia dopo i fatti del Cile";
3. Rinascita n°40 del 12 ottobre 1973: "Alleanze sociali e schieramenti politici – Riflessioni sull'Italia dopo i fatti del Cile".

Egli scriverà per la prima volta della necessità di uno "storico" accordo tra la Dc e il Pci, che avrebbe portato i comunisti al governo insieme ai democristiani in modo da evitare che accadesse all'Italia quanto accaduto in Cile e Grecia. Berlinguer scriveva quindi che in Italia "sarebbe del tutto illusorio pensare che, anche se i partiti e le forze di sinistra riuscissero a raggiungere il 51 per cento dei voti e della rappresentanza parlamentare, questo fatto garantirebbe la sopravvivenza e l'opera di un governo che fosse l'espressione di tale 51 per cento", da qui la necessità di una maggioranza che comprendesse PCI e DC, i cui voti alle elezioni del 1972 sommavano a circa il 65 per cento.

Una collaborazione di governo avrebbe interrotto il periodo di esclusione del Pci dalle maggioranze di governo nazionale a causa della sua vicinanza con l'Urss.La scelta di Berlinguer, fondamentalmente legata alla politica di eurocomunismo, non riscontrò i favori dell'area di sinistra del suo partito. La proposta del compromesso storico fu vista negativamente dal Psi, in particolare da Craxi e Lombardi, che vedevano in questo disegno un chiaro tentativo di marginalizzare il PSI e di allontanare definitivamente l'idea di un'alternativa di sinistra di governo, che includesse anche il PCI, ma con la guida dei socialisti.

L'appoggio al compromesso trovò invece una sponda nell'area di sinistra della DC che aveva come riferimenti il presidente del partito Aldo Moro e il segretario Benigno Zaccagnini, ma non ebbe l'avallo dall'ala destra della DC, rappresentata da Andreotti.

Il raggiungimento di questo compromesso sarà di vitale importanza negli anni a seguire, tanto per la Dc, quanto per il Pci; ed è probabilmente la causa del principale evento del 1978 in Italia: il rapimento e l'uccisione di Aldo Moro da parte dei militanti delle Brigate Rosse.

Dopo questa parentesi, ritorniamo brevemente al 1974. Dopo la sua "pausa politica" di poco più di 1 mese e mezzo, Moro tornerà alla presidenza del consiglio, visto come la figura ideale per affrontare la riforma della famiglia, della RAI e dell'aborto.

Al governo Moro IV si deve la nuova legge di finanziamento ai partiti del 1975 che mette fine agli scandali degli anni precedenti; La Malfa (vicepresidente del consiglio) cerca di rilanciare la programmazione economica ispirandosi al modello keynesiano; la nuova legge Rai: vengono create Rai 2 e Rai 3, ma e soprattutto il controllo della tv pubblica di Stato passa al parlamento che nominerà i membri del consiglio di amministrazione. Vengono creati contributi all'editoria per tenere in vita i quotidiani di partito (Il popolo, giornale della DC; L'avanti, giornale del PSI; L'Unità, giornale del PCI) e viene approvata la legge dello stato sociale di famiglia (1975), essa riconosce parità sociale ai coniugi, viene anche aperta la possibilità di aggiungere il cognome della madre, ma non c'è la possibilità di dare solo il cognome della madre. Verrà abrogata la legge del 1963 che tollerava l'adulterio del marito e non quello della madre.

Le Brigate Rosse commettono il loro primo assassinio. Si tratta del procuratore generale Francesco Coco, in seguito al suo rifiuto di consegnare tre brigatisti alla liberazione del giudice Sossi. Dopo questo omicidio nacque la *Legge Reale*, un emendamento straordinario per combattere il terrorismo che prevedeva l'utilizzo delle armi da parte della polizia e soprattutto i termini della detenzione cautelare vengono aumentati di tre giorni di detenzione, anzi che uno.

Verso la fine dell'anno, La Malfa vuole rilanciare il governo coi socialisti. Il PCI dice che il centro-sinistra è morto e le opzioni diventano quindi tre:
1) centro-sinistra
2) alleanza di sinistra PCI-PSI ma è difficile perché non arrivano al 50%
3) alleanza DC-PCI col "compromesso storico", che pare incredibilmente essere la più probabile

Alla caduta del quarto esecutivo Moro segue il quinto, che di fatto dura due mesi e mezzo e che La Malfa stesso definisce come"un governo provvisorio per risolvere la crisi finanziaria, la crisi dell'ordine pubblico, e per lanciare il PCI in maggioranza". La DC non ci sta. De Martino (PSI) farà passare all'opposizione il PSI, il 30 aprile del 1976 Moro si dimette e il presidente Leone scioglie anticipatamente le camere. Moro rimarrà in carica per gli affari correnti fino al 30 luglio del 1976. Dopo le elezioni del 1976 che si concludono con una vittoria sia della DC che arriva al 38% sia del PCI che arriva al 34% , non c'è forma di governo che escluda il PCI dall'esecutivo. Prima di lasciare il governo, dopo le elezioni, Moro è ad un vertice del G7 a Porto Rico e in questo vertice si guarderà con inquietudine alla situazione dell'Italia. Vi fu infatti un incontro informale tra Schmidt (Germania), Giscard (Francia) e Ford (USA) che escluderanno Moro da questo incontro. In questo incontro informale si parlerà addirittura della possibilità di escludere l'Italia dalla NATO se dovessero andare al potere i comunisti.

In seguito alle elezioni del 1976, la Democrazia Cristiana resta il baluardo contro il pericolo comunista,il PSI scende nuovamente sotto il 10% e arriva al minimo storico. Dc e Psi non riescono a fare la maggioranza. Diventa essenziale l'appoggio del PCI.
Si dimette De Martino (Psi) e dal congresso all'Hotel Midas ne uscirà segretario del PSI, Bettino Craxi, che doveva essere un segretario di transizione, ma invece durerà circa 18 anni.

Per quanto riguarda l'accordo per la formazione del nuovo governo, la DC fa sapere che non si farà nessuna alleanza coi comunisti. Nel '76 e con l'avvento di Carter negli Stati Uniti, sensibile ai diritti umani, i comunisti sperano che la situazione possa cambiare, invece non cambierà nulla.

Fanfani viene confermato alla presidenza del Senato e Pietro Ingrao (PCI), mandando "in pensione" Pertini, diventa presidenza della Camera. Pertini sarà abbastanza arrabbiato con la dirigenza del PSI, pensava di aver finito la sua carriera politica.

Moro sarà mediatore che permetterà di arrivare a questo nuovo governo, che sarà poi un governo Andreotti. Moro e Andreotti dal '76 al '78 andarono molto d'accordo. La candidatura di Moro risultava divisiva, soprattutto viste le opinioni degli USA nei confronti di Moro; perciò, per tentare un passo in avanti nella "solidarietà nazionale" era meglio se ad occuparsene fosse Giulio Andreotti. Il 13 luglio il presidente Leone incarica Giulio Andreotti e il 30 luglio giura il governo Andreotti III, il primo con una donna nel Consiglio dei ministri: Tina Anselmi, ministra del lavoro.

Questo governo è famoso anche come "il governo della non sfiducia", essendo di fatto un monocolore nato grazie all'astensione dei liberali, repubblicani, socialdemocratici e del partito comunista; e dà il via alla fase della "solidarietà nazionale", ovvero il compromesso storico sulla base di quello che voleva fare la DC. Questa è la risposta della DC alle richieste di accordo voluto da Berlinguer. L'idea di Moro diventa quella avvicinare progressivamente i comunisti al governo partendo dall'astensione, passando dal voto a favore di un governo in cui non ne facevano parte, fino poi a un governo di unità nazionale formato da DC – PCI per far fronte alle minacce del terrorismo e poi alle future elezioni ognuno sarebbe andato per la sua strada (il progetto di Moro era simile all'alleanza fatta dal presidente Draghi nel 2021). Questo progetto andò in porto fino alla seconda fase.

Chi era Giulio Andreotti?

"Il divo"nasce a Roma nel 1919, la sua carriera politica inizia con l'incontro con De Gasperi alla biblioteca Vaticana e con l'incontro di Pio XII; egli infatti andava già da bambino al Vaticano ("sottosegretario del Vaticano in Italia", così definivano Andreotti). E' stato alla presidenza della Fuci durante il fascismo, dove sostituì Aldo Moro, che era stato riabilitato. Diventa sottosegretario di De Gasperi, parte dell'Assemblea costituente, è il terzo più giovane ed entra nel maggio del 1947 come sottosegretario della presidenza del consiglio. Come abbiamo visto, sarà anche sottosegretario alla presidenza del consiglio con Pella. Da questo momento è più semplice parlare dei momenti in cui non è stato al governo:

1. Il primo periodo è dal 1954-1955;
2. Dal 1968 al 1972: durante il periodo Leone-Rumor-Colombo, perché è presidente del gruppo parlamentare della DC (capogruppo alla camera). Durante questo compito stringe contatti frequenti coi comunisti per la riforma legislativa e nasce una corrente andreottiana anche nel PCI, che sarà nei futuri governi Andreotti;

3. Dal 1979 al 1983 è sempre parlamentare (lo sarà dal 1946 al 2013) ma è presidente della commissione esteri alla camera.

Un buco fuori dai governi per un totale di dieci anni. L'attività ministeriale, dopo il sottosegretariato (dove impara l'attività di governo), inizia negli anni '50: prima è ministro delle finanze, brevemente ministro degli interni e poi dal '59 al '66 è ministro della difesa.

È una persona già esperta per essere presidente del consiglio nonostante avesse poco più di 50 anni. Duemilaseicentosettantotto giorni alla presidenza del consiglio, dietro solo a Silvio Berlusconi. Andreotti è molto assiduo nell'attività di governo. Ha saltato solo 4 riunioni del Cdm su 296 riunioni che ha fatto in sette governi, ha svolto solo una volta il consiglio fuori Roma, del resto sempre a Palazzo Chigi oppure Palazzo Madama o Montecitorio (ad esempio dove fu fatto durante il rapimento Moro, dove Andreotti riferì subito dopo aver saputo del rapimento dell'ex presidente del consiglio). Andreotti era mattiniero: "governava l'Italia a metà mattina, intorno alle 9.30". Diceva: "Le nomine le facciamo subito in apertura del Consiglio dei ministri così gli interessati saranno puntuali". Un ruolo peculiare che gli verrà rimproverato è il fatto di non aver mai ricoperto un ruolo predominante all'interno di una grande corrente della DC, non sarà mai segretario della DC. Molto spesso lui è nei gruppi intorno al 10% (ad esempio, il gruppo "primavera"), ma è sempre decisivo nel partito per la formazione di una maggioranza. Andreotti poi è utile come uomo di governo, soprattutto quando farà negli anni '80 il ministro degli esteri. Viene visto come una persona con la quale l'MSI poteva votare ma non ebbe neanche un duro anticomunismo; infatti,è stato il presidente del consiglio della "solidarietà nazionale". Volto moderato, profondo e radicato nell'ambito politico che ha trovato a lungo la società italiana in lui espressione seducente e maggioritaria. Figura di contatto che riguarda questi anni della guerra fredda. Una carriera come quella di Andreotti è possibile solo nella guerra fredda. Nella seconda fase della sua infinita carriera sarà chiamato a rispondere per alcuni scandali che lo vedevano coinvolto. Risalgono a questo periodo alcune conversazioni con alcuni personaggi misteriosi: ad esempio, Licio Gelli della P2; ad inizio anni '70 contatti della corrente andreottiana in Sicilia (Giovanni Gioia, Vito Ciancimino e Salvo Lima) con la mafia.

L'Andreotti III deve affrontare la crisi politica, finanziaria e due catastrofi più o meno naturali:

1. Seveso, sfuggono dei prodotti chimici che provocano la morte di una decina di persone. Da allora una serie di prodotti chimici risulteranno sopra una certa soglia di inquinamento chimico;

2. Terremoto in Friuli: tragedia che farà molte vittime, ma sarà una emergenza gestita bene a livello nazionale. Zamberletti si occuperà di questo terremoto e poi sarà anche il creatore della protezione civile. Il terremoto in Friuli ha avuto delle ricadute positive: grande piano per rifare il Friuli e non sono stati fondi distratti per la ricostruzione e grazie ad essi è

avvenuta l'industrializzazione della regione: frigoriferi, prodotti elettrici ecc…

L'esecutivo affronta l'inflazione riducendo le spese energetiche ma aumentando i prezzi dell'energia e limitando i consumi. La benzina aumenta del 25% ,il gas del 20% e l'energia elettrica del 10%, più il divieto di circolazione dell'auto in alcune giornate.

Ci saranno anche varie idee di riforme che vedono coinvolti i servizi segreti (il Sis, ovvero il servizio di informazione e difesa): la prima è ideata da Francesco Cossiga, ministro dell'interno, che vuole un servizio segreto unico; Andreotti invece ne vuole due, il Sismi e uno per gli interni, il Sisde. Piccola parentesi, sui dodici capi dei servizi segreti durante il rapimento Moro, 11 su 12 appartenevano alla P2. Il prefetto Napoletano era l'unico non della P2 e si dimise dopo il rapimento Moro, fu sostituito e diventarono 12 su 12 iscritti alla P2. Con Alessandro Forni, presidente Anpi Cervia e associazione 'Menocchio' abbiamo discusso dell'operato del ministro dell'interno durante gli scontri del 1977 a Bologna, lotte in cui hanno perso la vita Giorgia Ravasi e Francesco Lo Russo:

> Cossiga era uno che sapeva, a me fa scappare da ridere che uno come lui, che è stato uno dei più grossi intrallazzatori della nostra Repubblica, uno che è stato una delle menti non del sequestro Moro ma che venisse impedito che venisse trovato Moro, perché hanno fatto tutto il contrario di quello che dovevano fare, poi si è dimesso da ministro degli interni. 'ah io ho sbagliato, io mi dimetto' poi cosa succede? Diventa presidente del consiglio per

due volte, presidente del senato e addirittura coi voti del PCI presidente della Repubblica. Allora, era visto come uno dei peggiori, non mi meraviglio che gli studenti scrivevano Cossiga con la K o con le due 's' da SS. Basti pensare all'atteggiamento che ha tenuto quando fu uccisa una studentessa radicale e fu ammazzata da un colpo alla schiena. Cosa ci facevano dei poliziotti armati non in divisa? E poi non si cercò di fare un'inchiesta seria, e questa povera ragazza fu assassinata. Cossiga sicomportò in un modo molto arrogante durante gli eventi di Bologna del 1977 e lì sì che si doveva dimettere. Io c'ero nel '77 quando mandò i carri armati, la città sembrava messa a sacco

In seguito, il ministro della giustizia Bonifacio fece approvare un Ddl che inasprì le pene contro i terroristi: "quando si trova qualcuno che non ha ancora commesso un atto terroristico, possono essere arrestati in maniera preventiva", una normativa che alcuni giuristi sostengono fosse illegale.

Grazie alla legge del 4 marzo 1977 viene istituito il servizio sanitario. Pochi giorni dopo, alla Camera, Moro difenderà Gui dalle accuse dello scandalo Lockheed, sarà l'ultimo discorso del cinque volte presidente del consiglio.

Nell'estate 1977 si consuma il "caso Kappler", dal nome di Herbert Kappler, ufficiale delle SS in prigione da varie decine di anni, responsabile della fucilazione delle fosse ardeatine che si scopre essere malato di tumore. In Germania e parte dei fascisti in Italia vogliono liberarlo per farlo curare sul suo suolo patrio. Una approfittatrice, da infermiera nel suo carcere, lo sposa durante la detenzione e poi lui sparisce. Stando alle ricostruzioni lei ha organizzato la fuga mettendo Kappler all'interno di una valigia. La realtà è che c'è stato un accordo tra Andreotti e la Germania con cui i tedeschi danno i soldi all'Italia e l'Italia ridà Kappler alla Germania. Adalberto Titta, incaricato dell'"Anello", fa fuggire Kappler in Germania. L'Italia non richiederà mai l'estradizione di Kappler. Vito Lattanzio darà le dimissioni da ministro della difesa, verrà spostato ad un altro ministero (trasporti).

Il dubbio ora all'interno del paese è: "Quando si passerà a una nuova fase con i comunisti all'interno del governo?". Alla fine, vincerà la linea della cautela, ancora non è il momento.

Il 16 gennaio 1978, Giulio Andreotti rassegnerà le dimissioni.

Il lavoro per la formazione del nuovo esecutivo è lungo ed estenuante. Moro e Andreotti volevano i comunisti nella maggioranza parlamentare ma definiranno gli orientamenti di governo fino ad un certo punto. Il presidente della Dc e il segretario del Pci si incontreranno il 16 febbraio 1978, per l'ultima volta. Moro, nel mese precedente al rapimento, interverrà prima ai gruppi parlamentari della DC e poi alle delegazioni dei 6 maggiori partiti.

L'11 marzo 1978 arriva l'accordo e nasce il IV governo Andreotti. Quello che si chiedono tutti però è: questo governo avrà l'appoggio degli altri partiti?

Il PCI pare che abbia dato un accordo di principio, ma non sono tutti d'accordo a causa della scarsa qualità dei ministri. Si aspetterà la nomina dei sottosegretari e qui arriva un altro capolavoro politico di Moro, l'ultimo, il quale cercherà di trovare e mediare scegliendo con pazienza e attenzione ogni sottosegretario. Il 16 marzo è previsto il voto alla Camera dei deputati, quando, mentre si sta dirigendo a Montecitorio, Aldo Moro, poco dopo le 9 del mattino, viene rapito in via Mario Fani dalle Brigate Rosse e le sue scorte verranno uccise nel tentativo di salvarlo.

Abbiamo domandato allo scrittore, giornalista e conduttore televisivo Carlo Lucarelli, il perché, secondo lui, le brigate rosse scelsero proprio Moro.

> Sul perché presero Moro, abbiamo due spiegazioni: la più semplice è che era più facile da prendere ed era meno protetto rispetto magari ad un Andreotti o Fanfani. La spiegazione più "strana", invece, se vogliamo, è perché Moro era il rappresentante DC della politica del "compromesso storico", che tendeva a portare i comunisti dentro al governo, e a cambiare quella separazione netta dettata dalla guerra fredda: da una parte gli occidentali (americani) e dall'altra i comunisti. Moro era quello che stava iniziando a cambiare le cose e voleva il compromesso, questo non piaceva a "certi americani" e ad alcuni della NATO. Ecco che Moro doveva essere colpito, e una volta preso non lo fai liberare, meglio che venga ammazzato. Qual è tra queste la verità? Non lo so e credo mai lo sapremo.

A Lucarelli, risponde il direttore dell'Ansa Luigi Contu che dà una sua lettura sul rapimento, e sul perché a rapirlo è stato un gruppo di sinistra, nonostante Moro fosse tra i più attivi nel voler portare i comunisti al governo:

Ci sono diverse letture. Nessuno ha mai capito esattamente su quale logica si siano mosse le BR. Certamente la motivazione principale è che le BR non volevano che ci fosse un governo democratico che portasse il PCI al potere insieme alla DC. Questo era il disegno di Moro e il disegno che aveva sposato Enrico Berlinguer e che era un disegno molto moderno in quel periodo. Poi i due grandi partiti di massa si resero conto che per portare avanti il Paese c'era bisogno di un'unione delle masse popolari, che fossero cattoliche, che fossero moderate e che fossero comuniste ma comunista in senso democratico. Berlinguer aveva compiuto una svolta per l'eurocomunismo insieme ai francesi e agli spagnoli, cosa che fu vista molto male da Mosca, ci fu una rottura forte con Mosca proprio perché Berlinguer capì che l'eurocomunismo era un comunismo democratico. Quindi le BR, come Mosca, vedevano questo tentativo molto pericoloso, l'abbandono della rivoluzione proletaria che doveva eliminare il capitalismo, eliminare le differenze sociali e prendere il potere con la forza. Le BR erano una forza eversiva rivoluzionaria che non ha mai accettato e non avrebbe mai accettato la democrazia liberale come la intendiamo noi e come la intendeva Berlinguer e come Berlinguer aveva accettato che fosse. Berlinguer fu il primo esponente comunista che disse in una famosa intervista di sentirsi più sicuro con la NATO piuttosto con il Patto di Varsavia e di Mosca. Quindi questa rottura dello schieramento comunista in senso democratico non andò giù a Mosca, non andò giù alle BR. Dall'altra parte erano preoccupati anche gli americani perché gli americani non si fidavano fino in fondo di Berlinguer e quindi non volevano anche loro un accordo tra DC e PCI che avrebbe portato al governo esponenti del partito che comunque continuava ad avere relazioni con Mosca. Quindi il rapimento di Moro può essere letto in tanti modi. Il modo più semplice è i rivoluzionari che prendono il singolo per spingere la rivolta di classe in un modo più complesso guardando lo scacchiere internazionale. Né gli Stati Uniti né Mosca volevano che nascesse quel governo, però queste sono delle supposizioni. Nessuno può dire veramente chi sia stato né se ci sia stato un manovratore delle BR. La risposta più semplice alla domanda però è che le BR erano contro il PCI. Loro uccisero un operaio della CIGL comunista perché non volevano che i comunisti italiani

facessero compromessi con il capitalismo e con la DC.

La seduta alla camera viene ritardata di un paio d'ore, dovuto anche al fatto che si è sentito male persino Andreotti. Durante il rapimento Moro moriranno le cinque persone della sua scorta, questo peserà sulle trattative con le brigate rosse. Alla camera il dibattito parlamentare è senza precedenti e con interventi dei vari leader di partito. Si decide di votare rapidamente la fiducia per permettere al governo di avere pieni poteri di agire. Fiducia immediatamente votata: 545 sì, 30 voti contrari, si tratta di un record assoluto. Votano contro i missini, i radicali, democrazia proletaria e i liberali. 267 sì e 5 no al Senato, è record anche qui. Lo Stato intero si unisce al fianco di Aldo Moro.

Una larga maggioranza sotto la spinta di questo evento sorprendente e incredibile. Dal punto di vista istituzionale è un dibattito in cui ognuno propone una propria ottima analisi dell'azione delle brigate rosse. Il primo tema di cui si parla è che in questa situazione di emergenza si allenta il controllo parlamentare e le decisioni sono prese in Consiglio dei ministri, dai verbali si evince che la liberazione di Moro è l'argomento dominante. La linea scelta è quella della fermezza: non si tratta con i terroristi. Oltre al già citato Andreotti, il principale fautore di questa linea è stato il ministro dell'interno Francesco Cossiga. Il secondo ha istituito 3 comitati di crisi, con al suo interno: 1) personalità politiche; 2) polizia e servizi segreti; 3) personalità e specialisti della società civile (tenderanno a confondere le acque e a dare un parere negativo). I verbali di questi comitati sono spariti a parte qualche appunto o nota.

Cossiga nasce a Sassari nel 1928 e morirà nel 2010. È stato uno dei più giovani maturandi in assoluto (a 16 anni) ed entra in parlamento a 30 anni. Sarà anche il più giovane ministro dell'interno. A 52 arriva a Palazzo Chigi. Fa parte della corrente dei "giovani turchi", che andrà proprio contro al sardo Antonio Segni. Nel 1963, infatti, Segni lo allontanò ritenendolo troppo di sinistra. Il politico che prende Cossiga sotto la sua ala sarà Aldo Moro, già in questo periodo diventa l'uomo della DC che si occupa di intelligence, diventando la persona italiana che si interessa di più di intelligence viaggiando negli USA e in UK. Nel 1966 diventa sottosegretario alla difesa e lo sarà per 3 anni e mezzo, gestirà lui personalmente Gladio e avrà uno stretto rapporto con Taviani. Insieme gestiranno anche la vicenda del piano solo. In questi anni riflette su una possibile riforma dei servizi segreti che poi farà proprio in questi anni da ministro degli interni. Negli anni successivi al caso Moro, Cossiga intratterrà rapporti personali coi partiti laici, con gli uomini di partito della DC; è inoltre anche il cugino di Berlinguer. Sarà due volte presidente del consiglio tra l'80 e l'81 e presidente del Senato nel 1983 e diventerà Presidente della Repubblica nel 1985. Durante la cosiddetta "Seconda repubblica" sarà molto attivo politicamente, anche se senatore a vita, tant'è che si parlerà addirittura di un suo possibile nuovo incarico come presidente del consiglio verso la fine degli anni '90. Durante i 55 giorni di prigionia di Aldo Moro, Cossiga vive un periodo di piena depressione. È il primo a capire che, nonostante sia a favore della linea della fermezza, così facendo il cinque volte presidente del consiglio e probabile successore di Giovanni Leone alla presidenza della Repubblica, sarebbe morto.

Il 21 Marzo il Consiglio dei Ministri adotta il nuovo decreto antiterrorismo e inasprisce le pene. Per chi sequestra una persona sono 30 anni di carcere e nel caso l'ostaggio morisse sarebbe stato dato l'ergastolo. Bisogna dire che fino a questo momento c'erano stati alcuni sequestri importanti, tra cui: il rapimento Sossi, il rapimento Gancia (liberato dopo uno scontro a fuoco tra brigatisti e poliziotti), il sequestro del figlio di Francesco De Martino (PSI) che poi fu liberato pagando un riscatto e in questo modo De Martino non si candidò al Quirinale nel 1978. E poi, tutte le persone che affittano case sono obbligate a dire il nome e cognome degli affittuari dal 30 giugno 1977. Il decreto rafforza i poteri delle forze dell'ordine per migliorarne la capacità. Andreotti chiede il più rigoroso riserbo dei magistrati e dei mass media e chiede massima responsabilità e capacità di operazioni. Secondo il Parlamento, è in pericolo la tenuta democratica del paese.

Una domanda che ci siamo fatti, e che immagino anche voi in questo momento vi siate fatti è:

Perché durante il sequestro Moro la maggioranza dello Stato si è dichiarata contraria ad una trattativa con le BR? Perché lo Stato non poteva piegarsi a trattare con un gruppo criminale o c'è altro?"; a questo interrogativo ci ha risposto Carlo Lucarelli:

> È vero che gran parte dello Stato non voleva piegarsi a trattare con dei criminali perché, come sostenevano allora, se cominci a trattare devi trattare per tutti e, inoltre, trattando, davi un riconoscimento politico molto forte alle Brigate Rosse, e avrebbero dovuto dire: "esiste un contro-stato chiamato Brigate Rosse con il quale noi dobbiamo venire a patti"; questa è una cosa, ed io sono d'accordo, che lo stato non può fare.

Così facendo la DC non avrebbe rischiato veder vacillare la sua stabilità a partire proprio dalle azioni intraprese durante il rapimento del loro presidente? Risponde il direttore dell'ANSA Luigi Contu.

> Le ragioni della crisi DC siedono soprattutto nella metà degli anni '70 quando comincia una forte difficoltà economica del Paese, inflazione, rivendicazioni salariali. Si continua ad attuare una politica di bilancio molto espansiva di debito pubblico per cercare di mantenere il consenso. Lì si inizia a minare la forza di governo,

anche riformatrice, che la DC aveva introdotto negli anni '50 e '60 con una sorta di immobilismo. Nel triennio '78-'81 capitano episodi molto pesanti a partire naturalmente dalla difficoltà complessiva del sistema. Però credo che in quegli anni si sia accentuata ma sia cominciata prima arrivando alla data principale del dramma finale democristiano che è l'omicidio Moro. Lì il partito viene messo in grande crisi.

Le varie posizioni partitiche sono fondamentali. Soprattutto il Pci, il quale si smarca sostenendo che le Brigate Rosse e gli oppositori del partito armato "non sono roba nostra, noi ci differenziamo da loro, non siamo il partito del terrorismo". Alcuni terroristi però effettivamente avevano origini dal PCI, molti lo lasciarono poi perché anche il Pci sosterrà la fermezza. Se la DC avesse fatto il contrario sarebbe caduta la maggioranza e la solidarietà nazionale. Lo snodo fondamentale secondo i democristiani era: "trattare o far cadere il governo". Più passano i giorni più si capisce che in un qualche modo bisogna provare a fare di tutto per salvare Moro. Ci prova chiunque. Nella politica italiana chi si oppone alla linea della fermezza ed è il più attivo nelle trattative è il segretario del Psi Bettino Craxi. Allo storico Enrico Landoni abbiamo domandando i motivi di questa opposizione di Craxi e se fosse effettivamente realistica una trattativa con le Br:

Vi offro due linee di pensiero, una di carattere strategico e l'altro di carattere tattico. Quello di carattere strategico attiene al fatto che dal punto di vista culturale, nella storia della cultura socialista l'elemento umanitario è molto forte. Quindi, secondo me, è anche per questo motivo che Craxi si attesta su questa via. Anche i radicali avevano una posizione di questa natura e non è un caso che citi i radicali perché le forze laiche, soprattutto di questo paese, avevano affrontato insieme anche la campagna del referendum sul divorzio nel 1974.Questo ha favorito l'incontro tra una generazione di politici e dirigenti politici accumunati da questa esperienza. E quindi è per questo motivo che dal punto di vista strategico noi abbiamo questo tipo di posizione. La ragione di natura tattica riguarda il fatto che il Psi nella contingenza politica di quel momento mal digeriva la prospettiva del compromesso storico. Dal punto di vista identitario, politico ed elettorale Bettino Craxi aveva capito che rappresentava un problema e quindi assumere una posizione che fosse così fortemente diversa rispetto ai due partiti del compromesso storico, Dc e Pci, avrebbe contribuito a valorizzare quell'elemento specifico presentato dallo scenario politico dei socialisti.

I socialisti rischiavano di essere fatti fuori dal compromesso storico?

Craxi ha sempre pensato che il compromesso storico non fosse funzionale a quello che era l'obiettivo identitario di crescita elettorale, visibilità e forza del PSI. Sarebbe finito in qualche modo schiacciato nella tenaglia di queste due forze ovviamente più grandi. Questa scelta, quindi, va interpretata anche per queste ragioni.

Per i sostenitori della linea della trattativa, sostenuta oltre che da Craxi anche da Fanfani e dal presidente Leone, in secondo luogo si apre la questione Medio Oriente: Leone avrebbe dovuto firmare la grazia ad un terrorista. "Si doveva trovare una persona malata o senza aver compiuto crimini di sangue, dando questo segno di buona volontà loro potevano liberare Moro" (Giuliano Vassalli, PSI). Oppure lo scambio di un terrorista italianoin ottica internazionale, come successe con alcuni terroristi della Palestina. Iniziarono in questo momento anche varie iniziative del Vaticano che offrì dieci miliardi di lire ad un possibile interlocutore. Craxi voleva entrare in contatto con Morucci e Faranda, i due brigatisti che non volevano la morte di Moro. Il Pci cerca di fare in modo di mobilitare il colonnello Giovannone per trattare e fare dei negoziati. Anche dalla Palestina si espongono: "Moro sta dalla nostra parte, lasciatelo libero". Giovannone e l'ammiraglio Martini portarono alcuni terroristi islamici in Jugoslavia. Qualcosa però va storto, quando stava per avvenire qualcosa, verrà interrotto immediatamente. Dall'ultima commissione Moro sono state trovate delle informative del colonnello Giovannone.

La vicenda Moro si riassume come un "nonnegoziato", le Br cercavano una riconoscenza politica che non le fu data. Esse ufficialmente non chiedono soldi, ma potevano fargli comodo. Tra i vari appelli alla liberazione di Moro si segnalano il debole tentativo di Paolo VI, quello del segretario generale dell'ONU (Waldheim) e di Arafat dell'OLP.

Un'altra idea che prende piede, soprattutto nella stampa di allora, è quella di provocare le dimissioni di Leone e di nominare Moro presidente della Repubblica con reggenza dei Presidenti di Camera e Senato, Ingrao (Pci) e Fanfani (Dc). Arrigo Levi, direttore de "La Stampa" è il promotore di questa idea e spesso ha sottolineato la debolezza di Giovanni Leone in questo frangente storico. Una proposta avventata che, però, non è mai stata presa in considerazione.

Le carte in tavola sono chiare: le Br chiedono 13 brigatisti; il governo invece nega il negoziato coi terroristi. Il giurista Giuliano Vassalli (Psi) si occuperà della gestione dell'intervento vaticano per il riscatto di Alfredo Buonoconto e Paola Besuschio. Due brigatisti che non avevano commesso delitti. A loro, Giovanni Leone (interrompendo la prassi) avrebbe potuto concedere la grazia unilaterale.

Moro comunica attraverso le sue lettere ai capi della politica e della curia, scritti che si fermano però al 5 maggio (quattro giorni prima della morte). Da Andreotti al Papa. L'ex presidente del Consiglio, però, viene quasi completamente abbandonato dal suo Stato che cerca invano di salvarlo senza trattare con le Br. Forse persino i brigatisti si aspettavano un intervento più attivo del governo, il quale non arriverà mai. Le lettere vengono scoperte nel 1978 in Via Monte Nevoso e poi nel 1990, si scoprirà che i soldi, le pistole e le fotocopie degli originali di Moro stavano lì. Le carte scoperte nel '78 contengono errori di ortografia difficilmente imputabili a Moro.

Quelle rinvenute nel '90 sono invece le fotocopie degli scritti. Tutto era già stato trovato nel 1978 e che alcune cose (le più importanti) sono state tenute nascoste fino al 1990. Tra le parti mancanti nel '78, Moro fa allusioni a Gladio. Da queste lettere emerge che ad un certo punto le BR assicurano a Moro la liberazione e poi subito dopo gli diranno che sarà ucciso. La versione data dai terroristi fa acqua da tutte le parti. Il vero mistero è ciò che è successo negli ultimi due giorni, quando pare che Moro sia stato consegnato ad un altro gruppo per uno scambio di prigionieri; sulla consegna ci sono solo varie ipotesi e non ci sono prove. Le uniche prove: i segni del corpo di Moro fanno intendere che egli fu molto libero durante la detenzione, non è sicuro che Moro sia stato ucciso in un garage di Via Montalcini, ma che sia stato fatto fuori vicino alla stessa Via Caetani in cui sarà ritrovato. In Via Montalcini poi nessuno aveva sentito gli spari il 9 maggio. La versione ufficiale è di una uccisione di via Montalcini e il trasporto del corpo in via Caetani per 8-9km, è più probabile che Moro morì vicino a Via Caetani e che è molto più probabile che sia morto dissanguato con atroci sofferenze. Fino al 5 maggio Moro è con le BR, ci sono ipotesi che sia stato consegnato ad altri. Con una delle sue "frasi sentenziose" Cossiga negli anni seguenti dirà di aver conosciuto tutti i brigatisti del caso Moro (Anna Laura Braghetti, Prospero Gallinari, Mario Moretti e il quarto uomo che fu scoperto solo negli anni '90, cioè Germano Maccari) tranne l'esecutore materiale.

Il corpo di Aldo Moro viene rinvenuto in Via Caetani, a Roma, il 9 maggio 1978 intorno alle ore 14.00.Fanfani stava per ottenere la firma della grazia da parte di Leone proprio nel momento in cui viene trovato il corpo. Cossiga dà immediatamente le dimissioni da ministro dell'interno. Il contraccolpo psicologico per il sardo è tragico: Moro era stato il suo maestro; egli si riterrà sempre colpevole di questo fallimento e anche a livello mentale ne risentì molto. Viene nominato ministro degli interni Virginio Rognoni, e lo sarà fino al 1983.

Se le Br avessero liberato Moro come sarebbe cambiata la DC e la politica italiana? A questo quesito ha invece risposto il già citato Alessandro Forni:

> I partiti furono inchiodati ad una situazione che non potevano agire diversamente da come hanno agito. Perché individualmente, i vari Zaccagnini e altri erano per la trattativa e per liberare Moro. L'altra parte, quella atlantista, che faceva capo a Cossiga e Andreotti, invece diceva che lo Stato non deve cedere per vari motivi. Anche il Pci si dichiarò contro ogni trattativa perché anche questo cadeva nelle sue contraddizioni interne, le sue contraddizioni di potere. Partito di sinistra, se cede nei confronti delle BR lo possono accusare di cedimento verso un movimento estremista di sinistra e quindi perde di autorevolezza per poter governare. Cioè, c'è stato un cortocircuito voluto, per me studiato, dove i più alti esponenti dello Stato si sono trovati inchiodati a non poter fare delle mosse diverse da quello che hanno fatto. L'unico

73

che ha tentato a fare è stato Craxi. Perché era un po' più libero di poterlo fare. Cercando fattivamente di restaurare un rapporto, una trattativa con le Br per liberarlo. Ma sel'obiettivo era la delegittimazione della Dc e quindi del sistema politico italiano, quindi della politica italiana in genere, di delegittimarla agli occhi della gente Moro doveva morire per forza a quel punto. Sicuramente, però, un sequestro del genere è premeditato, non lo prepari dall'oggi al domani. Hai qualche anno. Ad esempio, Pasolini fu assassinato perché si dimostrava un intellettuale troppo intelligente e proprio da lì a poco sarebbe esploso il caso Moro. Uno come Pasolini, con la sua intelligenza, analizza un caso come quello può anche in modo induttivo capire certe contraddizioni e renderle pubbliche e può diventare fastidioso perché, se uno ti mette una pulce nell'orecchiola gente non è stupida, può capire. Invece tutti sono stati dentro al coro. Uno che un po' si èdiscostato ma che dopo Moro è stato ucciso è stato Leonardo Sciascia, però a me sembra assurdo, ad esempio, che Moro sia stato rinchiuso in via Montalcini per 55 giorni. Per me quello lì è stataun'invenzione da parte di chi ha progettato il tutto per far sì che il sequestro fosse stato compiutodalle BR e non da altri. Perché voi pensate che Moro avrebbe vissuto per 55 giorni in un cubo per 55 giorni. È impossibile. E in più quando è stata fatta l'autopsia c'è la controprova che i suoi muscoli erano perfettamente elastici, perfettamente sodi. Se uno sta 55 giorni praticamente immobile non ha quegli stessi muscoli, i muscoli sono più flaccidi. In più, è comprovato che era anche abbronzato, non era bianco cadaverico. Aveva anche della sabbia. Quindi lui non è mai stato in via Montalcini. Dov'è stato? Non lo hanno mai cercato, anche perché

74

gli inquirenti hanno preso per buono il Memoriale di Morucci. Ma scusa, non cercate dei riscontri? Quando io dico 'lui ti ha picchiato' e l'unica voce è la mia, tu condanni una persona solo perché la dico io? Cerchi qualche riscontro, oggettivo o indiretto che sia. Invece no, è stato preso per buono quello. Allorché fa dire che sia voluto.

Sul caso Moro abbiamo intervistato anche l'ex poliziotto e agente della scientifica Carmelo Pecora, autore di diversi libri sulle vicende oscure più importanti del periodo stragista. Pecora ci ha raccontato la sua significativa esperienza:

Avevo 19 anni, io facevo il poliziotto da meno di tre mesi e quel 9 maggio mi trovavo in Sicilia.Parto dalla Sicilia, mi ritrovo a Roma con l'aereo e appena arrivato alla caserma delle volanti mi dissero immediatamente di mettermi la divisa e di recarmi insieme al mio capo pattuglia e l'autista in Via Caetani e non ci dissero il perché. Ci dissero solamente di una Renault rossa e di stare attenti e così con i servizi di emergenza ci recammoimmediatamente in Via Caetani dove c'era tanta di quella gente che dopo, da poliziotto dellascientifica, mi sono chiesto come mai tanta gente nel luogo di un delitto, di un omicidio. C'erano poliziotti in borghese, servizi segreti, molti politici che erano venuti. Via Botteghe Oscure dove c'era il PCI e Piazza del Gesù (DC) erano lì a fianco. Quindi fu un affronto far trovare lì il cadavere di Moro

Qual'era il clima che si respirava?

Per noi giovani poliziotti era tutto un'avventura, andare in un luogo dove c'era un avvenimento così importante e non sapevamo nemmeno noi come muoverci. C'era il capopattuglia che ci diceva di chiudere il bar, l'unica cosa che ricordo nitidamente e che c'era un bar da fare chiudere perché i giornalisti andavano a fare le foto al secondo piano e non volevano che le foto venissero fatte. Tanto è vero che di foto ce ne sono pochissime. Quando sono arrivato la macchina era chiusa, gli artificieri l'hanno aperta ma si capiva che poteva esserci qualcosa di particolare

Parte dello Stato non voleva trovare Moro?

No, assolutamente. Facevamo posti di blocco, ci mettevano anche isolati, ci dicevano di controllare le macchine, non avevamo le radio e non potevamo comunicare tra di noi, eravamo un po' allo sbaraglio, ma che Moro potesse fare una fine del genere non ci pensavamo

Le indagini?

Se non fosse per il pentito Patrizio Peci che ha iniziato a parlare, secondo me si faceva ancora fatica a risalire e come in tutte le vicende molto particolari ci sono voluti i pentiti per scardinare. Poi ci sono pentiti affidabili e quelli meno ma se non era per personaggi del genere che cominciavano ad insinuare dubbi su determinate persone non era facile, anche se all'epoca era già stato arrestato Curcio. A Torino stavano facendo il processo Curcio a cui io ho assistito per 15 giorni e cercavano loro di monetizzare questo rapimento per far scarcerare alcuni brigatisti poi lo Stato disse che bisognava dare segnali forti e duri, non accettare la linea del compromesso e del dialogo e abbiamo visto com'è finita.

Di tutta questa vicenda c'è la necessità di avere un capro espiatorio e viene scelto proprio il presidente della Repubblica Giovanni Leone. Sul presidente pesano due vicende in particolare, la prima è quella dello scandalo Lockheed, lo scandalo internazionale riguardante le decine di velivoli comprati dalla Lockheede caduti poi.

Si è scoperto che su di essi vi erano delle grosse tangenti, inoltre il funzionamento di questi aerei era compromesso oppure non erano del tutto funzionanti. La commissione Pike istituita nel 1974 negli Usa fece scoppiare lo scandalo e un ufficiale chiamato a testimoniare accusa due ministri della difesa della repubblica italiana: Luigi Gui (DC) e Mario Tanassi (PSDI); il terzo nome fatto dal testimone è quello dell'"Antelope Cobbler", l'intermediario e la persona che intascava le tangenti.Dopo gli interrogatori il cerchio si restringe, sono tre i nomi che vengono fatti: Leone, Rumor o Moro. Prima si accusa Rumor, poi si accusò per poco Giovanni Leone e il giorno del sequestro di via Fani, "La Repubblica"scrive: "E' Moro l'Antelope Cobbler". Moro, nel suo ultimo discorso in parlamento, difenderà proprio Gui su questo caso con la famosa frase: "non ci lasceremo processare dalle piazze". Gui verrà assolto, Tanassi invece verrà condannato.

Mino Pecorelli, che ha molti informatori della P2 al Quirinale, accusò il presidente della Repubblica Giovanni Leone. Leone fu accusato in generale da tutta la stampa sulla base da alcuni indizi tratti proprio dal nome "Antilope Cobbler": 1) La prima voleva che Leone, in visita a New York fosse rimasto affascinato da un paio di scarpe di antilope esposte in una vetrina, e che poi le avesse acquistate per sua moglie Vittoria; 2) La seconda che "Cobbler" fosse stato trascritto male, scambiando una G per una C; la versione corretta sarebbe dunque stata Antelope Gobbler, cioè "divoratore di antilopi", ovvero il leone. Probabilmente la spiegazione è più semplice: Antelope Cobbler è la traduzione in inglese di una dizione gergale assai utilizzata in Italia: "quello che fa le scarpe all'antilope", ovvero il leone; 3) Antelope sarebbe simile all'anagramma di "napoletano" e Leone era di Napoli.

Negli anni 2000 si scoprì che, tra i "partigiani bianchi" vicini a Mattei, c'era un personaggio che usava in guerra il nome di "Antelope Cobbler", il suo nome è Ugo Niutta. Probabilmente è quindi lui l'Antelope Cobbler, Leone quindi aveva ragione a definirsi come "un uomo innocente che lascia il Quirinale".

La seconda vicenda che pesa sul presidente Leone avviene alcuni giorni dopo la morte di Moro. Ovvero, c'è un referendum abrogativo sul finanziamento dei partiti, che non passa, però il 40% degli italiani aveva espresso il suo volere nel togliere la legge e permettere il finanziamento. Matura qui la vicenda delle dimissioni di Leone, richieste da Berlinguer. Leone non viene difeso neanche dalla Dc stessa, che ne uscirà malissimo dalla vicenda Leone, ma soprattutto sui democristiani pesa ovviamente la vicenda Moro. Si chiede quindi un socialista al Quirinale.

Il primo nome proposto da Craxi è quello di Giuliano Vassalli, persona che liberò sia Pertini che Saragat da Regina Coeli e li salvò dalle fosse ardeatine. Nome avverso alla DC per questioni politiche in quanto fu l'avvocato della famiglia Moro e aveva cercato una mediazione.

Il secondo nome è quello di Antonio Giolitti, il nipote di Giovanni Giolitti e comunista fino al '56, per poi passare coi socialisti. Su questo nome c'è il veto del "rivale" di una vita, ovvero Ugo La Malfa, che poteva anche lui essere un possibile candidato. Fece di tutto per annullare la candidatura di Antonio Giolitti, anche se persino alla commissione europea erano certi che Giolitti sarebbe stato il nuovo presidente della Repubblica. Le elezioni partono con le classiche "nomination di bandiera": Gonella, Nenni e Amendola. Il nome di Sandro Pertini viene presentato sin dall'inizio da alcuni esponenti del PSI. L'ex partigiano vorrebbe ritirarsi in quanto la sua volontà è di diventare presidente solo in caso di una dichiarazione unanime da parte del parlamento. Pertini inoltre è un nome non voluto da Bettino Craxi. Alla fine, a spuntarla, sarà proprio l'ex presidente della Camera Sandro Pertini con il consenso dell'82% dei parlamentari. Pertini era socialista, c'era il desiderio di un laico, anche se molto lontano alle posizioni di Craxi, e i due avevano un rapporto molto difficile. Poi si analizza il fatto che Dc e Pciavrebbero votato solo un candidato che durante il rapimento

Moro era stato favorevole alla fermezza e Pertini fu proprio tra questi. Pertini è anche apprezzato dai comunisti, a causa del suo attivissimo passato nella Resistenza e perché era un po' più a sinistra di Nenni. Viene eletto nel luglio nel 1978.

Ricordiamo che il governo Andreotti IV è sostenuto anche dal PCI e andrà avanti ancora per alcuni mesi. Il governo oltre ad occuparsi del caso Moro, ha avuto modo di effettuare anche alcuni viaggi internazionali, in particolare in Medio Oriente e negli USA. L'esecutivo vara anche altre misure contro il terrorismo. Il punto decisivo dell'azione di governo è che nei vari consigli europei del 1978 (prima a Brema e poi uno a dicembre dove viene creato il sistema monetario europeo), si decide di creare una moneta europea fittizia in modo che facendo i pagamenti a livello europeo facesse riferimento l'ECU (EuropeanCurrency Unit). Viene firmato un accordo tra i vari paesi, Andreotti è in difficoltà ma assicura che l'Italia parteciperà.

Berlinguer fa capire che la solidarietà nazionale non ha dato buoni risultati, nonostante nel PCI non tutti siano d'accordo con la sua decisione di aprire una crisi di governo. Per l'Italia verrà ritardata l'adesione. Il sistema monetario europeo è l'inizio di un percorso che verrà poi portato a termine negli anni successivi con il trattato di Maastricht e l'euro.

Il 29 gennaio 1979 Giulio Andreotti rassegna le dimissioni come capo dell'esecutivo. La sua quarta esperienza di governo è macchiata senza dubbio dal caso Moro. Anche in questa situazione, probabilmente con Moro ancora vivo, egli avrebbe trovato una mediazione.

4. La loggia massonica P2 e la strage di Bologna

4.1 La P2 di Licio Gelli

"Berlusconi amava ripetere: 'la P2 raccoglie gli uomini migliori del paese'. Non ha mai smentito questa frase su una loggia occulta che lavorava con intenzioni anche sovversive. Mi sembra che bastino le sue parole per capire quello che era il rapporto di Berlusconi con la P2" (Marisa Ostolani)

Nel corso di questo libro si è citata più di una volta la loggia massonica P2. Ma cos'è stata esattamente? La P2 è stata una loggia massonica coperta, e quindi anticostituzionale per natura, gestita da Licio Gelli con l'obiettivo di stravolgere l'assetto politico e costituzionale dello Stato. La nostra Costituzione, al punto 18, recita come segue:

I cittadini hanno diritto di associarsi liberamente, senza autorizzazione, per fini che non sono vietati ai singoli dalla legge penale. Sono proibite le associazioni segrete e quelle che perseguono, anche indirettamente, scopi politici mediante organizzazioni di carattere militare (Art. 18 Costituzione Italiana)

La P2 riuniva al suo interno uomini dello Stato, forze dell'ordine, vertici dei servizi segreti, uomini della finanza, giornalisti, politici, banchieri. Tra i nomi più noti ricordiamo Silvio Berlusconi e Maurizio Costanzo, che in seguito si è "pentito" della sua affiliazione alla loggia. Gelli è autore del cosiddetto "Piano di rinascita democratica", un documento in cui venivano esposti gli obiettivi sovversivi della loggia massonica e le modalità di esecuzione. Prima di continuare, elenchiamo di seguito alcuni punti tratti dal "Piano" di Gelli.

OBIETTIVI

1. Nell'ordine vanno indicati o i partiti politici democratici, dal PSI al PRI, dal PSDI alla DC al PLI (con riserva di verificare la Destra Nazionale) o la stampa, escludendo ogni operazione editoriale, che va sollecitata al livello di giornalisti attraverso una selezione che tocchi soprattutto: Corriere della Sera, Giorno, Giornale, Stampa, Resto del Carlino, Messaggero, Tempo, Roma, Mattino, Gazzetta del Mezzogiorno, Giornale di Sicilia, per i quotidiani; e per i periodici: Europeo, Espresso, Panorama, Epoca, Oggi, Gente, Famiglia Cristiana. La RAI-TV va dimenticata. o i sindacati, sia confederali CISL e UIL, sia autonomi, nella ricerca di un punto di leva per ricondurli alla loro naturale funzione anche al prezzo di una scissione e successiva costituzione di una libera associazione dei lavoratori; o il Governo, che va ristrutturato nella organizzazione ministeriale e nella qualità degli uomini da proporre ai singoli dicasteri; o la magistratura, che deve essere ricondotta alla funzione di garante della corretta e scrupolosa

applicazione delle leggi; o il Parlamento, la cui efficienza è subordinata al successo dell'operazione sui partiti politici, la stampa e i sindacati.

PROCEDIMENTI

1. Nei confronti del mondo politico occorre o selezionare gli uomini – anzitutto – ai quali può essere affidato il compito di promuovere la rivitalizzazione di ciascuna rispettiva parte politica (per il PSI, ad esempio, Mancini, Mariani e Craxi; per il PRI: Visentini e Bandiera; per il PSDI: Orlandi e Amidei; per la DC: Andreotti, Piccoli, Forlani, Gullotti e Bisaglia; per il PLI: Cottone e Quilleri; per la Destra Nazionale (eventualmente): Covelli); o in secondo luogo valutare se le attuali formazioni politiche sono in grado di avere ancora la necessaria credibilità esterna per ridiventare validi strumenti di azione politica; o in caso di risposta affermativa, affidare ai prescelti gli strumenti finanziari sufficienti -con i dovuti controlli- a permettere loro di acquisire il predominio nei rispettivi partiti; o in caso di risposta negativa usare gli strumenti finanziari stessi per l'immediata nascita di due movimenti: l'uno, sulla sinistra (a cavallo fra PSI-PSDI-PRI-Liberali di sinistra e DC di sinistra), e l'altro sulla destra (a cavallo fra DC conservatori, liberali, e democratici della Destra Nazionale

Per chiarezza, la massoneria in sé non è illegale. Sono illegali le organizzazioni segrete, così come lo era la P2. Viene chiamata anche "massoneria deviata", perché non segue gli "ideali" e "valori" esoterici della pura massoneria, ma le finalità della P2 erano eversive e criminali. Tuttavia, Alessandro Forni ritiene che parlare di "P2 deviata" non sia corretto. Riportiamo le sue dichiarazioni.

Il termine deviato io lo virgoletterei perché non so fino a che punto certe associazioni siano deviate o sia quello che veramente devono fare. Se vengono scoperte, se salta il coperchio, si può dire 'ah era deviata, ah non ha rispettato i canoni'. Si parla di servizi segreti deviati, a mio avviso non sono deviati, fanno il loro lavoro, invece. Depistare le indagini durante le stragi, assassini, omicidi eccellenti, scoprire gli artefici di questi, far scappare, proteggere certi protagonisti indagati per stragismo, da Delle Chiaie, a Freda, a tanti altri. Non li vedo che siano deviati, fanno il loro lavoro. Deviati, perché dico questo? Perché se guardiamo la storia dei nostri servizi segreti, nascono per volontà degli Stati Uniti d'America. Quindi i servizi segreti sono sotto controllo delle agenzie americane, la CIA in primo luogo, non sono indipendenti. Quindi i servizi lavorano in stretta collaborazione con quelli americani. Noi abbiamo visto nella storia recente che ci sono sempre degli americani in giro, che sia l'ambasciatore, l'esperto o che siano i vari agenti. Quindi definire deviati è un modo per nascondere la realtà. Sapete chi sono invece deviati? Quelli che vogliono difendere le nostre istituzioni contro i cosiddetti atlantisti. Nel mondo nostro dei servizi segreti ci sono gli atlantisti e quelli che invece vogliono maggior indipendenza dall'America e questi escono sempre perdenti.

La P2 quindi ha avuto ruoli importanti e decisivi nel periodo definito come "anni di piombo", fino al 1981, quando vennero scoperte le liste degli iscritti alla loggia massonica. La loggia segreta diventa accessibile a tutti, gli iscritti sono coloro che occupano ruoli di alto livello all'interno dello Stato ed ancora oggi ci si interroga sul numero di persone che non compariva tra le liste trovate ma che in realtà erano effettivamente inserite nella loggia.[5] Leggiamo cosa ci ha raccontato Alessandro Forni in merito alla notizia della scoperta di questa loggia massonica.

Come venne accolto lo scandalo della P2?

Fu una bomba, tutti i giornali ne parlarono, anche lì c'era chi sminuiva questo fatto e ci fu una certa battaglia giornalistica. Però non ha avuto quello sviluppo che doveva avere. Alla fine la P2 è finita come il fascismo. Gelli era uomo di destra, non di destra come liberale, una destra che rispetta le regole democratiche. Era una destra fascista, che rispetta e non le rispetta. Purtroppo noi abbiamo questo problema, che la nostra destra è identificata col fascismo. Non è nata una destra diversa. Perché la nostra destra costituzionalmente era la DC, il Partito Liberale, e in parte anche il PRI. Tutti e tre tendevano a destra, però per l'evoluzione politica che si è venuta a creare dalla fine della guerra fino a Tangentopoli poneva al centro del panorama politico e quindi si è tenuta libera un'ala alla loro destra, l'MSI. Perché si è voluto lasciare questo spazio a destra? È un peccato originale della nostra Repubblica.

Come si è visto precedentemente, la P2 è stata una componente decisiva nella storia del terrorismo italiano, tutti eventi che hanno

---

[5] Per un approfondimento sul tema si consiglia la lettura di "Licio Gelli – vita, misteri, scandali della Loggia P2" (Mario Guarino, Fedora Raugei, *Edizioni Dedalo*, 2016)

influito nel graduale declino della DC. Abbiamo sottoposto la questione a Forni.

La P2 ha influito nell'indebolimento della DC e nel rafforzamento degli altri partiti?

Può essere, perché bisogna pensare che uno dei principi dell'azione, della politica di Licio Gelli, fu un documento che fu redatto all'inizio degli anni '60, al Parco dei Principi, che prevedeva determinate evoluzioni della politica italiana tra cui si prevedeva il presidenzialismo, si prevedeva un Parlamento con le camere che avessero diverse funzioni, una magistratura meno indipendente di quella che è uscita dalla nostra Costituzione, e quindi questi raggiungimenti, questi obiettivi dovevano passare attraverso l'abbattimento o l'indebolimento dei partiti storici, cioè quelli che avevano redatto la Costituzione, quelli che erano stati i protagonisti dell'Assemblea Costituente. Pensate che adesso, che vogliono introdurre le autonomie che erano differenziate, il presidenzialismo, o la riforma che voleva fare Renzi, abortita per fortuna, o la riduzione dei parlamentari che era anche nel progetto gelliano, son tutti partiti che sono nati dopo. Non sono partiti che hanno scritto la nostra Costituzione. Son tutti partiti che non hanno niente a che fare con la Costituzione, la Lega, Fratelli d'Italia anche se Fratelli d'Italia ha tratto le sue radici dal Movimento Sociale Italiano. Il MSI non si è mai seduto nei banchi dell'Assemblea Costituente. È nato a dicembre, come ha ricordato adesso Ignazio La Russa. Quindi l'unico partito che ha ascendenze dirette con quelli della Costituente è il PD. Non per niente il PD è quello che prende più legnate da tutti. Anche quello lo vogliono eliminare come un residuo fossile. E poi i democratici ci mettono molto del loro.

La P2 non c'è più, ma qualcosa di essa è rimasta. Forni ha citato Matteo Renzi, politico dei giorni nostri. Abbiamo voluto chiedere a Forni di approfondire questo tema e capire se nella politica e società attuale c'è ancora qualche scoria della loggia.

Cosa è rimasta della P2 nella politica attuale?

È trasversale, nel senso che la P2 non esiste più, però quell'ideologia, chiamiamola così tra virgolette, che ha seminato è ancora presente in molti personaggi politici. Uno che ne ha rappresentato meglio di tutti è stato Renzi, per esempio, che era del PD, però Renzi è un chiaro, a mio avviso, personaggio da P2. Quindi noi non abbiamo un movimento, un'associazione, una loggia però quello che la P2 ha seminato nell'arco quasi dal dopoguerra fino agli anni '80, ha seminato soprattutto negli istituti bancari. Poi la massoneria non è mica morta. La massoneria esiste ancora.

Tra i nomi degli iscritti c'era anche Silvio Berlusconi, che nel 1994 sarebbe diventato per la prima volta Presidente del Consiglio. Negli anni '80 Berlusconi era un imprenditore, ancora non era entrato nel mondo della politica, quantomeno non con un ruolo attivo. Nel "Piano di rinascita democratica" di Gelli si vede come un obiettivo importante sia la riforma della magistratura, e renderla dipendente dal potere e controllo politico, privando quindi alla magistratura quella indipendenza che, a volte, può essere un pericolo per la politica stessa. In questo aspetto convergono Gelli e Berlusconi, i quali volevano e hanno cercato più volte di intervenire sulla magistratura. Ne abbiamo parlato con Marisa Ostolani, ex giornalista dell'ANSA che nella sua carriera professionale ha seguito, tra le altre cose, la discesa in campo di Berlusconi.

Signora Ostolani, qual'era il rapporto di Berlusconi con la massoneria, la P2 in particolare, e se ha ripreso il piano di rinascita democratica scritto da Licio Gelli?

Assolutamente sì. Se noi prendiamo il programma di Forza Italia e di Licio Gelli, troviamo molti punti in comune, basta leggere ad esempio una delle frasi che Berlusconi amava ripetere: "la P2 raccoglie gli uomini migliori del paese". Non ha mai smentito questa frase su una loggia occulta che lavorava con intenzioni anche sovversive. Mi sembra che bastino le sue parole per capire quello che era il rapporto di Berlusconi con la P2.

L'ideale di giustizia di Berlusconi era uguale a quello di Gelli?

Sicuramente c'era questo elemento del controllo della magistratura e giustizia che li accomuna, ovvero che viene a mancare uno dei pilastri del sistema democratico: avere una magistratura indipendente, avere una separazione dei poteri. In questo si assomigliano molto.

All'interno della P2 gravitavano persone e personalità di ogni tipo, alcuni regolarmente iscritti, altri nomi invece non sono "ufficialmente" comparsi ma sono chiari ed evidenti i loro legami con la massoneria di Licio Gelli. Michele Sindona e Roberto Calvi, banchieri morti in circostanze sospette, avevano dei forti legami con politica, mafia, massoneria e soprattutto Vaticano, a tal punto che Calvi, presidente del Banco Ambrosiano, venne denominato "Il banchiere di Dio". Dopo il crack del Banco, che era una roccaforte per il riciclaggio di denaro dei mafiosi, venne trovato morto impiccato sotto il Ponte dei Frati Neri a Londra il 17 giugno 1982. Il banchiere non si suicidò, come inizialmente ipotizzato, ma fu ucciso e poi appeso al ponte per simulare un suicidio. Chi c'è dietro al suo omicidio ancora non è chiaro, ma sicuramente ambienti mafiosi e addirittura del Vaticano potrebbero aver avuto delle responsabilità. Riguardo Sindona, invece, definito il "salvatore della Lira" da Giulio Andreotti, è stato un banchiere potente sia in Italia che in America, considerato il punto di contatto tra la mafia siciliana, sua terra d'origine, e quella americana. Sindona, dopo i fallimenti delle sue banche, morì il 22 marzo 1986 dopo aver bevuto in carcere un caffè al cianuro. Sindona, condannato all'ergastolo, poteva essere una minaccia per tutti se avesse parlato per alleggerire la propria pena. Nonostante l'ipotesi dell'omicidio sia quella più riportata e anche la più immeditata, un libro di Giuliano Turone, magistrato che ha indagato anche su Sindona stesso, avvalora invece la tesi del suicidio. [6]

Un'altra morte che ancora oggi è oggetto di critica è quella del già citato Carmine, detto Mino, Pecorelli, giornalista scomodo e

[6] Si legga "Il caffè di Sindona" (Giuliano Turone, Gianni Simoni, *Garzanti*, 2009)

conoscitore di segreti che dovevano rimanere tali e non essere pubblicati sui giornali, come lo stesso Pecorelli invece faceva. Iscritto anche lui alla P2, Pecorelli si divertiva a giocare col potere e colpire principalmente Giulio Andreotti, non con semplici critiche ma con articoli che indagavano sui suoi presunti legami con ambienti pericolosi. Pecorelli, fondatore dell'agenzia di stampa OP (Osservatore Politico) venne ucciso a colpi di pistola il 20 marzo 1979, e molti pentiti di mafia hanno rivelato come il mandante dell'omicidio fosse proprio Giulio Andreotti. Il potente politico democristiano venne prima condannato e poi assolto. Abbiamo sottoposto la questione a Serena Andreotti, figlia dell'ex Presidente del Consiglio.

Alcuni pentiti di mafia accusano Andreotti sull'omicidio Pecorelli, nonostante Andreotti è stato assolto definitivamente. Perché secondo lei?

Per una certa fascia di persone, che sulle accuse di mio padre hanno ricamato sino all'impossibile e fatto le loro fortune, era difficile rinunciare alla loro versione. Sarebbe come sconfessare loro stessi, nonostante le sentenze siano chiare. Quella di Perugia (omicidio Pecorelli) c'è anche una critica precisa e violenta al magistrato che lo aveva condannato a 24 anni. La sentenza della cassazione di Palermo, annunciata come assolto completamente nei fatti post 1980 e prescritto in quelli anteriori al 1980, in realtà deve essere letta per intero: la sentenza che dice non era nei suoi compiti ripercorrere le fasi precedenti all'anno 1980, e si conferma quindi

91

la sentenza dell'appello con l'annotazione inconsueta che ai fatti presentati dall'accusa sono opponibili con altrettanta verosimiglianza quelli proposti e portati dalla difesa. Quindi con un giudizio neutro o positivo. Questo non viene mai detto, per i motivi di cui sopra.

Nel 1981 vennero scoperte le liste della P2 e nacque la Commissione Parlamentare per indagare sulla loggia massonica, presieduta dall'onorevole Tina Anselmi, il cui ricordo è affidato a Ileana Montini, ex politica e giornalista.

Fino alla sua morte ho mantenuto un'amicizia con Tina. Ad un certo punto la spinsero fuori, era una donna che sapeva mediare ma non era una donna di compromessi estremi come Andreotti. Infatti la candidarono in un collegio a perdere e non andò più in Parlamento, quindi la fecero Presidente della P2 per evitare di darle un ministero

La Commissione Parlamentare ha permesso, tra le tante cose, di fare luce sui rapporti tra Gelli e molti politici importanti, come Andreotti. Alessandro Giacone ci ha spiegato il legame tra i due.

Gelli e Andreotti si sono conosciuti, ci sono varie testimonianze. Gelli forse addirittura esagerava la sua conoscenza di Andreotti ma sappiamo che i rapporti sono attestati fin dagli anni '50 perché Andreotti, ministro della Difesa, dà ad una delle fabbriche di Gelli, la Permaflex, gli ordini militari per produrre divise, materassi, ecc che poi spiegheranno il successo anche economico di Gelli

4.2 La strage di Bologna

"La strage è stata ideata e finanziata dai vertici della Loggia Massonica P2, Licio Gelli, Ortolani, il grande finanziere in contatto col Vaticano era uno dei ideatori e finanziatori della strage" (Paolo Bolognesi)

L'attentato alla stazione di Bologna del 2 agosto 1980 è uno degli eventi più drammatici e significativi della Prima Repubblica. Per capire meglio cosa è accaduto e le conseguenze che ha portato, abbiamo intervistato Paolo Bolognesi, il Presidente dell'Associazione dei familiari delle vittime della Strage di Bologna.

Cosa è accaduto il 2 agosto 1980, perché è nata l'Associazione e di cosa si occupa?

Il 2 agosto 1980 è avvenuta la strage più grande che ha toccato l'Europa in tempo di pace. Qui la mano è stata di terroristi fascisti, sono stati condannati prima 2 esecutori, Mambro e Fioravanti, poi dopo quasi 40 anni è stato condannato un altro partecipante alla strage e recentemente il 6 giugno 2022 è stato condannato un altro esecutore, Paolo Bellini, che tra l'altro era presente a Bologna il 2 agosto 1980. Questo è un po' il quadro giudiziario della situazione. Noi abbiamo costituito l'associazione il 1 giugno 1981 e l'abbiamo fatto per coordinarci e fare in modo che noi parti civili avessimo un linguaggio univoco più coerente possibile.

E' stato l'evento più significativo della Prima Repubblica?

Sicuramente, 85 morti e 200 feriti, nel 1980 tra l'altro l'operazione era sicuramente per colpire il simbolo Bologna, inteso come città governata dai comunisti, simbolo del buon governo. E probabilmente anche per il caso Moro, che io ritengo sia un golpe ben riuscito, quello dell'uccisione dell'Onorevole Moro, per dare una seconda spallata definitiva al Partito Comunista e a tutta la sinistra italiana. Cosa che, almeno immediatamente, non è riuscita.

Della stessa opinione è anche Carlo Lucarelli.

L'evento che secondo me più di tutti ha destabilizzato l'Italia in quel periodo e il più oscuro dal punto di vista delle conseguenze politiche è la Strage di Bologna del 2 agosto 1980.Perché, mentre tutte le altre le puoi capire e spiegare nell'ambito della guerra fredda, questa qui di Bologna no, è una roba che appartiene ad un mondo che sta cambiando, non più diviso tra USA e URSS ma tra ricchi e poveri, tra Nord e Sud del mondo. La strage di Bologna sta in tutte le idee e i modi che la P2 aveva nel governare il mondo. La strage di Bologna è come quel pulsante che fa cambiare un sacco di cose.

A proposito di P2, chiediamo a Bolognesi qual è stato il ruolo della loggia massonica di Licio Gelli.

94

La P2 è stata determinante, anche perché a questo punto la strage, ed è stato confermato dalla sentenza di primo grado, è stata ideata e finanziata dai vertici della loggia massonica P2. E' stata protetta dai vertici dei nostri servizi segreti italiani, tutti iscritti alla loggia massonica P2 tanto per essere molto chiari, e eseguita da terroristi fascisti. Quando si dice così teniamo presente che c'è il corso del denaro. Come diceva Falcone, 'segui il denaro e ti permette di andare lontano'. Seguendo il denaro si vede che, oltre che a depistare, i vertici della loggia massonica P2 sono stati i mandanti della strage. Del resto il processo che si è tenuto a Bologna ad aprile 2022 con la condanna di Bellini è stato il processo per i mandanti della strage. Chi vuol far passare la P2 come una bocciofila, come una filantropia o robe del genere direi che non deve dimenticare che tra gli iscritti c'erano anche i massacratori argentini, sudamericani che hanno causato tutta la questione dei desaparecidos, che hanno causato morti e vittime infinite. Non sono cose di poco conto ma una struttura che governava anche la politica italiana, politicamente ed economicamente, e soprattutto dal punto di vista della sicurezza italiana. Dobbiamo tenere presente che in 960 nomi trovati nelle liste P2 ne mancano 1600 circa. Quei 1600 sarebbe meglio saperli. Probabilmente gli americani che sono arrivati per prima all'archivio di Gelli in Uruguay hanno sequestrato e messo da parte anche tutti questi nominativi. Per dare una ripulita in generale in Italia bisognerebbe avere i nomi di tutti gli iscritti alla loggia massonica P2.

Quali sono stati i rapporti tra Stato-terrorismo-P2?

Innanzitutto c'è da fare una premessa. Se vogliamo comprendere tutto il discorso della strategia della tensione, tutta questa situazione tragica che c'è stata dal dopoguerra in avanti dobbiamo cominciare a valutare dei punti come il Convegno dell'Istituto Pollio del 1965. Tralascio la strage di Portella delle Ginestre perché anche quella potrebbe essere tranquillamente inserita in questo discorso del volere che determinate situazione poi degenerassero o andassero in una certa direzione. Però ci sono dei punti che sono sotto l'occhio di tutti, nel senso che se uno li guarda, e vede che nel '65 c'è stato il Convegno dell'Istituto Pollio, convegno finanziato dal ministero della difesa e in quell'occasione al Parco dei Principi parteciparono quelli che sarebbero stati il gotha dell'eversione di destra, militari, massoni di varia tendenza e poi naturalmente piduisti, in cui si stabilì e si valutò opportuno che qualsiasi strumento era valido, importante, necessario, non aveva colpa fare in modo che il partito comunista non si avvicinasse al potere. Non che prendesse il potere, non si avvicinasse. Allora, prendendo spunto da quello che è venuto fuori, perché ci sono gli atti di questo convegno, si può benissimo valutare quello che ha detto Delle Chiaie, che ha detto De Lorenzo, tutta una serie di personaggi che poi vediamo. Mentre allora potevano essere degli illustri sconosciuti ai più, man mano che si è andato avanti sono diventati personaggi di un certo tipo. Se voi pensate a questo aspetto ecco che immediatamente la cosa diventa molto chiara. E l'altro dettaglio che emerge da questo aspetto, è che non è un fatto che prima non succedeva ma lì c'è stata l'ufficialità di questo aspetto. Quando noi parlavamo di varie situazioni, parlavi di terrorismo, chiudevi il tutto in uno studio del terrorismo. Poi parlavi di mafia e chiudevi tutto nello studio della mafia, o di delitti finanziari. Li dividevi e la divisione serviva solo ad altri e non a capire veramente il problema. Non si capiva la situazione criminale politica-finanziaria del nostro Paese. Quando un'indagine era troppo delicata veniva spedita a Roma, noi dobbiamo vedere queste cose e metterle tutte in fila. Ed ecco che quando succede la strage di Bologna, non si deve guardare solo la strage di Bologna ma per capire qualche cosa bisogna capire anche le altre stragi, capire chi c'è dietro alle altre stragi, vedere i vari depistaggi chi li ha fatti, le varie operazioni che hanno portato prima alla pista rossa poi alla pista nera nelle altre stragi. Chi le ha fatte? Un uomo dei servizi segreti, e gli uomini dei servizi segreti non sono eletti dal popolo, sono nominati dal governo. Perciò in ogni fatto che questi compiono c'è la responsabilità politica. Ci sono voluti 40 anni per arrivare comunque ad un racconto più completo della strage di Bologna. Come mai ci sono voluti tanti anni? Per i depistaggi e tutte le situazioni varie che hanno creato, e per Bologna bisogna scrivere un'enciclopedia sui depistaggi se si analizzassero tutte queste cose qui. E smontato un depistaggio ne veniva fuori un altro, smontato un altro ne veniva fuori un altro e in qualche modo tutti avvallati dai vertici, dal presidente del Consiglio, addirittura dal Presidente della Repubblica Cossiga che dice 'sono spontaneisti armati' per racchiudere tutta la situazione all'interno dei NAR, non andare oltre. Secondo dato, sono stati i palestinesi, altro depistaggio, sempre Cossiga che avvalla determinate cose. E il fatto che uno con una carica come presidente della Repubblica o presidente del Consiglio o come ministro degli

Interni avvalla determinate situazione ha un peso eccezionale sia sull'opinione pubblica sia su chi deve giudicare da questo punto di vista. Allora, per fare un'analisi del tempo che si è voluto è anche il potere con cui si è dovuto combattere. La stragrande forza con cui si è dovuto combattere. Noi abbiamo dovuto combattere contro l'arroganza del potere, l'arroganza del potere che dice 'tanto a me non succederà mai niente'. E quel 'tanto a me non succede niente' vuol dire lasciare dello sporco per terra e quello sporco per terra l'abbiamo trovato e ci ha permesso di fare lentamente questo percorso. Allora, si dice 'ma non potevano farlo i giudici di allora?'. Allora, i giudici di allora erano degli eroi, molti erano degli eroi, molti erano della gente molto meno eroe tanto per intenderci ma gli eroi hanno dovuto combattere contro questo strapotere con delle situazioni incredibili.

Pochi giorni prima della strage, Mambro e Fioravanti erano ospiti a casa di Mangiameli in Sicilia, membro di Terza Posizione. Il 9 settembre 1980 Mangiameli viene ucciso da Fioravanti, preoccupato per quanto potesse sapere e nelle udienze successive lui e la Mambro, dovendo dire dove si trovassero il 2/08/80, forniscono collocazioni diverse e si contraddicono. Nonostante questo, continuano a professarsi innocenti. C'è qualcuno nello Stato che li vuole innocenti?

È chiaro che hanno delle protezioni. Se a Cospito dai il 41bis, a questi che hanno ucciso più di 90 persone gli dai degli ergastoli con permessi e permessi. Fanno anche la bella vita. Qui c'è un aspetto sulla possibilità di avere la condizionale, cioè se dopo 5 anni dal provvedimento non ti trovo in altre situazioni illegali o altre incredibili, hai poi estinto la pena. Per poter avere la condizionale devi aver risarcito le vittime, e compreso i danni che hai fatto. Devi aver collaborato coi giudici. Loro dicono che sono innocenti e tirano fuori balle da tutte le parti. Teniamo presente che ad un certo punto a Padova c'è un fascista in prigione che chiama Tamburino, della sorveglianza, e gli racconta un fatto eclatante, che doveva succedere all'inizio di agosto del 1980. Saputo questo Tamburino va dai carabinieri, e lo mandano al capo SISDE di Padova Quintino Spella. Poi ad un certo punto sembrava risolta la questione ma c'è poi la strage. Il SISMI ha ricevuto sta cosa qui e nessuno ha fatto niente? Spella dice non aver avuto niente e non fu interrogato nessuno. Dall'altro c'è il fatto che Padova dipende da Bolzano, sua sponte che manda Spiazzi a controllare tutto a Roma e incontra Mangiameli (e forse anche Fioravanti) e gli spiega tutte le idee all'interno del discorso cioè riunire i gruppi eversivi divisi appositamente. Questo incontro lo si scopre da una intercettazione telefonica. Qualche anno dopo il verbale arriva a Bolzano, e praticamente finisce lì la cosa. Con l'analisi della procura, si vede che il giudice va da Spella (aveva un contatto diretto con Grassini – capo dei servizi segreti civili di allora), che va da Bolzano e vi spediscono Spiazzi, perché? Che era un uomo che aveva avuto un problema anche con la Rosa dei Venti e altre storie eversive nel nostro paese? Perché così i terroristi si potevano fidare di uno come loro. Spiazzi, era tenente, è morto generale di corpo d'armata. Ha fatto carriera. Quando si arriva a tutto questo ragionamento, Spella viene accusato di depistaggio, ma muore poco prima del processo, perciò, ci sono i suoi verbali e non c'è altro. Ecco questo è un quadro per avere ancora più precisa la questione.

Della strage di Bologna Mambro e Fioravanti si sono sempre dichiarati innocenti

Si ha paura di arrivare ai politici, si arrivi più in alto. E adesso stiamo andando più in alto. Teniamo presente che la pista palestinese di recente è stata dichiarata come depistaggio farlocco. E tenete presente che addirittura per sostenere questa pista avevano fatto una commissione parlamentare bicamerale. Questo per darvi l'idea della potenza di fuoco per cercare di scarcerare questi terroristi e di toglierli le accuse, perché questi terroristi se parlano hanno la possibilità di affossare molti personaggi di altissimo livello del nostro Paese.

Dall'ultimo processo, finito di recente, emerge il nome di Paolo Bellini. Qual è stato il suo ruolo alla strage?

Bellini ha un curriculum vitae notevole, fin da subito era stato indagato perché c'era stato chi ha suggerito agli indagatori che l'aveva visto. Allora, solo che il procuratore capo di Bologna di allora, Ugo Sisti, era amico della famiglia di Bellini, molto stretto. Lui andava a riposarsi presso l'albergo La Mucciatella che è sopra reso dei Bellini. E il procuratore capo la notte del 3 agosto è dentro la Mucciatella. Non avevano ancora riconosciuto tutti i morti che lui era là a riposarsi. E va là a riposarsi e alla mattina viene svegliato dai poliziotti che fanno l'indagine che sono stati mandati per vedere se Bellini era lì. E c'è da notare che il poliziotto che fa il verbale lo fa dopo 2 anni, allora il poliziotto viene interrogato e dice che è vero. Dice che non ha avuto il coraggio di opporsi a non fare il verbale. Perché assieme a Ugo Sisti c'era un'altra persona e si dice fosse uno dei senatore del MSI che hanno sempre appoggiato la famiglia Bellini. Nell'ambito dell'ultimo processo è venuto fuori per bocca anche dello stesso Bellini tutta una seria di connessioni tra politica e affari sporchi tipo terrorismo. Dichiarazioni fatte da Bellini in pubblico. Bellini diceva che doveva farsi vedere come un dissidente. Bellini ad un certo punto prima di essere arrestato va in Brasile e si chiama Da Silva e torna in Italia e i senatori del MSI lo aiutano, gli fanno avere licenza di volo e scarrozzava il procuratore capo e lo portava in giro per l'Italia. C'è stata l'intuizione della digitalizzazione delle carte di mettere insieme processi che teoricamente non hanno niente a che fare uno con l'altro. Cosa poteva avere a che fare Bologna con crack Ambrosiano? Niente, eppure fare tutto questi incroci di dati è venuto fuori tutta questa storia. Chi ha vissuto quegli anni, queste cose erano all'ordine del giorno, non saprei tutto di queste cose qua. Ci saranno ora i processi di appello ma sono già iniziate le trafile per fare in modo che anche questi due processi per Cavallini e mandanti vanno a finire come altri processi, cioè primo grado grandi condanne secondo grado tutti assolti e cassazione tutti assolti. È l'obiettivo finale dell'operazione. Nel nostro statuto abbiamo un obiettivo, uno solo, ottenere con tutte le iniziative possibili la giustizia dovuta. Se noi andiamo a dimenticare abbiamo finito, abbiamo chiuso il discorso con il futuro. C'è stato

in Italia il momento del perdonismo, tipo dopo l'attentato a Papa
Wojtyla era diventato di moda che bisognava perdonare ed eri tu il
caino che aveva fatto il danno e il discorso strategico finale era
della riconciliazione. Che riconciliarsi? Il discorso dell'operazione
sudafricana. Grande operazione. In Sudafrica dopo anni di
apartheid hanno vinto i neri e di conseguenza c'era un problema
serio perché la macchina la sapevano governare i bianchi non i
neri. La riconciliazione senza verità è una baggianata, un conto è il
perdono, è una cosa personale ma la riconciliazione senza verità e
come aver riammazzato un'altra volta tutti i morti. In Italia con la
legge sulla dissociazione che ha permesso di non arrivare ai
mandanti, ci siamo fermati sugli esecutori, volevano farlo pure per
mafia, cioè non più pentimento ma dissociazione e i vari parenti
delle vittime si sono rifiutate, hanno fatto molta confusione.
Ricordiamocela queste cose. Riconciliazione vuol dire farla finita e
non se ne parla più, si deve avere la verità completa.

Quali sono state le responsabilità dello Stato?

Noi dobbiamo tenere presente che in tutte queste situazioni
troviamo parti dei servizi segreti, alcuni anche condannati per
depistaggi. Tutti quelli iscritti alla loggia massonica P2 sono tra i
protettori dei terroristi che hanno fatto questa strage. Di
conseguenza consideriamo che i servizi segreti sono
normoesecutivi, cioè fanno quello che la politica gli dice di fare,
sono nominati dalla politica. Pertanto la responsabilità della
politica è sotto gli occhi di tutti, solo che in questo Paese il
massimo di responsabilità politica vuol dire nessuna responsabilità

sulle cose che succedono e questo credo sia un danno gravissimo per la democrazia, una cosa che ti blocca nell'andare avanti e colpire veramente i colpevoli.

Negli anni '70 gli USA sono preoccupati per un possibile avvicinamento del PCI al governo italiano. Il principale esponente di questa linea in Italia era Aldo Moro che nel 1974 fece preoccupare il segretario di Stato americano Kissinger. Nel '78 Moro fu rapito e ucciso, due anni dopo avviene la strage di Bologna, città simbolo del comunismo in Italia. Sono una la conseguenza dell'altra?

Indubbiamente è chiaro che sono collegati ma dobbiamo andare avanti con le cose che sappiamo e che possiamo sostenere perché un conto è una chiacchierata al bar in cui tu puoi dire 'si mi sembra', 'forse si, mah', un discorso è un momento pubblico, tu devi dire che indubbiamente ci sono state delle minacce, sono provate, sono state scritte sui giornali e alcuni fondamenti di verità sicuramente li hanno, non sono state nemmeno smentite. Posso dire che Miceli ad un certo punto quando si trovò ad essere arrestato disse 'd'ora in poi sentirete parlare non più della parte destra ma della parte sinistra'. Quindi poi sono spuntate fuori le Brigate Rosse e compagnia bella. E quindi questo potrebbe essere un accenno per dire che anche lì le BR erano etero dirette dai servizi segreti però non hai una prova provata che va in questa direzione. Dal processo ai mandanti sono usciti spunti che vanno in quella direzione ma non c'è questo aspetto. Allora bisogna dire anche con cautela. Quindi, sì gli americani erano quelli che avevano distribuito le basi americane, noi abbiamo le prove che molti terroristi si andavano ad allenare ed erano frequentatori delle basi americani specialmente nella zona toscana, ma da qui a dire che sono stati loro no. Anche se io i dubbi ce li ho, è una cosa da tenere in considerazione. Consideriamo che quando è stato fatto il primo processo per Bologna cioè finito nel 1995, quindici anni dopo, con la condanna di Mambro e Fioravanti quali esecutori della strage e più i depistatori, ma ancora non c'era il reato di depistaggio, era calunnia pluriaggravata per proteggere il terrorismo. E da lì Gelli si prese 10 anni per questo fatto con Musumeci e Belmonte, che erano del SISMI e con Pazienza che era un faccendiere legato a Santovito che era a capo del SISMI. La cosa a noi sembrava un'enormità, perché personaggi così elevati, di potenza così elevata volevano proteggere questi due? Dicevano che erano dei spontaneisti armati, erano dei poverini. La Mmabro ha rimediato 8 ergastoli, Fioravanti 7 ergastoli e per la strage di Bologna ne hanno 1. E gli altri sono per tutti altri ammazzamenti, in più lei ha 138 anni per tanti altri reati "minori". Noi, quando abbiamo costituito l'Associazione, il primo giugno 1981 abbiamo cominciato da subito ad unire tutta la documentazione che veniva poi dal processo, dagli interrogatori dei vari personaggi che erano interrogati. Il primo processo è durato parecchio, due anni. Da tutti questi interrogatori rimediavi tante carte che non sapevi come gestire perché è inutile fare il raduno delle carte se poi non le leggi, non le studi. Allora avevamo trovato il modo con il computer di analizzare queste carte. Però il limite era che segnalavi le parti più interessanti ed erano le parti più interessanti in quel momento, cioè dall'81 all' '82. Quelle cose messe insieme con un codice parlante, incrociate tra di loro, ci hanno permesso di scoprire tanti momenti di incontro tra questa gente, altri ritrovi, altri processi, altre condanne, altre armi. Questo però è stato sufficiente a mantenere determinate conoscenze ma non le conoscenze che si potevano avere man mano che andavano anche gli altri processi. Poi, dopo l'87 era venuto fuori il discorso dell'organizzazione delle carte. Allora, tu non avevi più il problema di dover leggere tutto tuttotutto. Perché leggere un processo, solo la sentenza di 2000 pagine, solo le carte che servivano per iniziare il primo processo erano trentamila pagine. Quindi ci vuole un bel colpo per leggerle tutte e ricordarsi tutti i punti più salienti. I giudici di allora che hanno fatto quel processo sono stati degli eroi, perché con la strumentazione che avevano difficilmente potevano andare oltre. Con la digitalizzazione, digitare è come fare delle fotocopie. Tu fai delle fotocopie con lo scanner di tutte queste robe qua, poi le trasformi in Word e ci fai l'analisi sopra. Allora, tutta l'esperienza fatta dall'altra parte messa qui con tutto, anche con la costituzione delle parti civili, gli avvocati, tutto, ecco che immediatamente a livello di incroci di nomi ti viene di tutto e di più. E questo ha contribuito a trovare delle cose fantastiche che ci hanno permesso innanzitutto a far aprire il processo Cavallini, perché era stato condannato per banda armata e adesso in primo grado è stato condannato per esecuzione della strage. E questo è un altro fatto importante. Cavallini è un uomo di grande livello, non è un terrorista da poco. È un terrorista di grande calibro e all'interno della sua agenda personale aveva due numeri di servizi segreti. Sapete qual è stata la scusante? Disse che lui i numeri li camuffava

105

e a forza di camuffarli sono diventati numeri che casualmente sono dei servizi segreti. Ci credi, sei a posto. Però sono venute fuori cose di questo tipo. Soprattutto è venuto fuori che questa gente man mano ammazzava della gente o faceva operazioni di questo tipo, veniva pagata. Ed è questo un altro aspetto che è venuto fuori. Ed è venuto fuori anche il libro mastro della strage, un aspetto estremamente importante. Quando Gelli fu arrestato in Svizzera, fu trovato un documento con un conti con scritto sopra 'Bologna'. E in questo documento c'era un foglio A4 piegato e aprendolo c'era il 'dare' e 'avere' di tutte quante le operazioni. C'erano 5 milioni di dollari che giravano all'interno di tutto questo lavoro. E il primo pagamento nell'ambito di questo fu dato a Mario Tedeschi il 16 febbraio del 1979, mezzo anno prima della strage, per cominciare a costruire delle piste alternative internazionali per fare in modo di confondere il giudice. E da lì ha iniziato a scrivere una serie di articoli che portavano soprattutto allo sciacallo. Tutto questo aspetto della strage è importante ma c'è di più. Ad un certo punto quando Gelli viene arrestato prima dell'interrogatorio per quanto riguarda il crack del Banco Ambrosiano, il legale di Gelli, Dean, va dal sottosegretario che era Parisi del Ministero della giustizia. E fatto sta che c'è un documento che viene stilato per questo incontro in cui Dean ringrazia che lo hanno chiamato per l'incontro e lui gli fa notare che è stato Dean a sollecitare l'incontro. Poi c'è da dire una cosa. L'avvocato sostiene che se una persona molto vicina a Gelli sarà interrogato attentamente su quel documento, i pochi artigli che lui ha li metterà fuori tutti. Avviso ai naviganti. Chiamato 'il documento artigli'. E vidi caso che nel momento in cui venne interrogato c'è questo documento con tutti i 'dare' e 'avere' ma era sparita la dizione 'Bologna'. E allora è un conto come un altro. Gelli ha detto che non si ricorda. Quel libretto, quel conto è servito alla Procura Generale a fare tutte le analisi, noi avevamo trovato il conto 'Zaffe', cioè Zafferano, il capo dei servizi segreti di allora, il capo degli Uffici Affari Riservati. E tutto questo deve far riflettere perché adesso con la digitalizzazione, con la documentazione che è già passata tutta per i tribunali, cioè non si sta parlando di roba segreta, è tutta roba che è già passata per i tribunali. Ma, siccome, è stata vista in maniera spezzettata nessuno ha coinvolto l'altro magistrato che stava indagando su Bologna o su un'altra cosa. C'è un altro fatto estremamente importante che è quello che, mentre si indagava sullo scandalo dei furti per quanto riguardava la Telecom, il faccendiere Mobbel, che lo beccano in un'intercettazione con un suo sodale, gli dice 'ma quei due (Mambro e Fioravanti) per farli uscire dal carcere mi sono costati un milione e due di euro'. Ma quella dichiarazione è rimasta là e quando lui è stato interrogato al processo ha detto 'noi stavamo facendo un'altra indagine, perché non l'avete passata a Bologna?'. Sono dei tasselli che messi assieme arrivi al punto. Noi abbiamo quello che emerge dall'ultimo processo, tenete conto che la Procura ha dato l'ok per il processo Cavallini, ma per le indagini sui mandanti voleva rinviare tutto. E allora è intervenuta la Procura Generale ed ha portato a sé l'indagine, non il processo, l'indagine. Perché nell'indagine noi abbiamo trovato determinati elementi che sono degli spunti per far in modo che si possa fare un processo. E il documento Bologna è stato sviscerato dai finanzieri, dai magistrati e ha dato quei risultati importanti. 'Segui i soldi', come diceva Falcone e seguendo i soldi si è arrivati a quel punto lì.

Questo è uno. E l'altro aspetto è quello che emerge dalla situazione, cioè la strage è stata ideata e finanziata dai vertici della Loggia Massonica P2, Licio Gelli, Ortolani, il grande finanziere in contatto col Vaticano era uno dei ideatori e finanziatori della strage. Poi i terroristi sono stati protetti dai vertici dei servizi segreti italiani e la strage è stata eseguita dai terroristi fascisti. E a Bologna quel giorno non c'erano solo i NAR, ma c'erano le varie sigle del terrorismo. C'era Avanguardia Nazionale, c'erano i NAR, c'era Terza Posizione, ecc. È la strategia del leopardo, tutto a macchie che però appartengono allo stesso corpo, che era stata studiata dai terroristi allora. E questa teoria la scoprì il giudice Amato, che indagava sulle varie vicende romane e una causa della sua morte decisa da Cavallini e Ciavardini fu proprio quella dell'aver scoperto questa situazione, per aver scoperto come questi che, nella vita comune sembrava litigassero l'uno con l'altro, ma a tutti gli effetti quando c'erano momenti importanti si univano e nella strage lì c'erano tutti, protetti dai servizi segreti. Nella prima fase solo depistatori, nella seconda fase addirittura non solo depistatori ma ideatori e finanziatori e addirittura protettori della situazione. Questo è quello che viene fuori con l'ultimo processo. Moro? Quando parli di strategia dell'eversione devi metterci dentro tutto. Perché altrimenti perdi dei pezzi. Moro è stato un colpo di stato ben riuscito, perché dobbiamo ritornare al 1965 con l'Istituto Pollio e dire che i comunisti non devono avvicinarsi al potere. Addirittura si stava per fare l'unità nazionale e fare le riforme, perché si erano concordate anche le riforme,e quindi perché non è stato ucciso ma rapito e poi ucciso? Perché ucciso avresti fatto un santo e la sua politica sarebbe stata santificata, quindi controproducente ammazzarlo in quella fase lì. Quindi è stato rapito, sputtanato dal punto di vista personale e politico. I 55 giorni sono serviti a questo. Dopo la morte di Moro di unità nazionale non se n'è più parlato. Anche nel caso Moro non c'è voglia di arrivare alla verità, potrebbe scombussolare molte situazioni perché tocchi la politica.

Ruolo di Gladio e chi era a conoscenza dell'operazione?

Le varie direttive che ci sono state, cioè direttiva Prodi, hanno permesso di dare alcuni documenti ai giudici che indagavano sul caso Moro. Poi dopo il caso Renzi che ha fatto un'altra direttiva per liberalizzare tutte le documentazioni relative alle stragi, anche Ustica ,c'è stata la direttiva Draghi che ha detto di desecretare tutte le cose che riguardavano la P2 e Gladio. Questa direttiva di Draghi vuol dire indirettamente che Gladio e P2 c'entravano con le stragi. Questo è il punto chiave della situazione. Dopo l'istituto Pollio ci sono stati allenamenti particolari di Gladio sull'uso di esplosivi.

Si può ritenere l'ultima grande strage (togliendo quelle di stampo mafioso) e cosa è cambiato successivamente?

La strategia della tensione molti vorrebbero che finisse nel 1974 con la caduta di Nixon e con la strage dell'Italicus. Però il corso continua, continua con Bologna, e continua anche con le stragi del '92 e '93. Il problema è che c'è un nesso comune. Ci sono terroristi fascisti che sono collocati in questa strage, sia nel momento della strategia della tensione sia quando troviamo stragi di mafia. Si

109

parla di Delle Chiaie che era a Capaci poco prima che esplodesse la bomba, che fosse a Palermo quando venne ucciso Borsellino. Tutte queste situazioni che ogni tanto vengono fuori deve far meditare che c'è un percorso comune e la strategia della tensione probabilmente non è ancora finita, ancora adesso. Però, mentre prima ci voleva una strage per sconvolgere il paese, adesso basta un telegiornale fatto in un certo modo, basta poco. Questa è la situazione a cui dobbiamo pensare. La strategia della tensione è una strategia che ti permette di avere un popolo che chiede uno Stato forte, un uomo forte, anche un cambio di regime e piano piano si arriva a questo. Adesso vogliono affrontare il presidenzialismo, presidenzialismo vuol dire buttare a mare questa costituzione parlamentare e arrivare una forma che era assolutamente scartata dai nostri padri costituenti. E credo che questo, la costituzione con tutti i pesi e contrappesi inseriti all'interno sia una sicurezza per una democrazia di tutti.

Dopo oltre 40 anni e infiniti processi, secondo lei si è fatta giustizia?

Ancora completamente no, manca la politica, mancano tutte le responsabilità politiche che hanno permesso di avere ai vertici della sicurezza uomini della P2 e fare in modo che la P2 fosse così potente, una sovrastruttura che era sicuramente appoggiata alla politica. Come i vertici, la presidenza del Consiglio, presidenza di qualche partito. Per quanto riguarda la verità, considerate che sono passati tanti anni e molti sono morti e non te la potranno mai raccontare la verità. Andreotti è morto da innocente, Cossiga è morto da innocente, non è morto da depistatore. Poi nell'ambito di tutto il giochino lo vedi, perché se io dico Cossiga diceva che erano degli spontaneisti armati e abbiamo anche il fatto che se uno parla non è che rimane nel niente, c'è Internet, le interviste perciò sono cose che si vedono tranquillamente. Nel 1978 il governo Andreotti con Cossiga ministro dell'Interno ha nominato i tre vertici dei servizi segreti, tutti e tre iscritti alla P2 ed è un dato di fatto. Poi andiamo ancora avanti, questi qui cosa hanno gestito? Tutto il caso Moro, che quando ero deputato sono stato anche nella Commissione Moro e aveva dell'incredibile, cioè l'ispettore Clusoe che quando vedete i film vi fa ridere era più bravo di quelli che hanno indagato sul caso Moro. E tutti quelli che avevano dei dubbi su qualche cosa sono passati di grado, mandati di qua, mandati di là. Cioè, quando è successo il caso Moro a via Fani si scopre che quel giorno lì, quell'ora lì c'era un dirigente dei servizi segreti che si occupava del discorso di gestire le emergenze nei momenti particolari (Guglielmi) e interrogato dice che doveva andare a pranzo con tal dei tali e allora vanno da tal dei tali e dice 'si ma doveva venire lui' e allora sto qui insisteva, poi all'improvviso l'indagine è stata chiusa e lui è andato a fare il civile, il giudice civile. Nel settembre 1978 all'interno di dove si immagina doveva essere Moro, c'è un caseggiato di proprietà dello IOR e c'era il portiere che controlla l'entrata principale, il garage sotterraneo, e all'interno di questo è stato dato l'affitto a due persone che ad un certo punto ospitano Gallerani, il killer delle BR, che viene con un borsone di mitra, pistole. E per fare questa ospitalità la donna ha parlato con la Faranda e quell'altro con Morucci. Quindi saltano fuori che ovviamente non sapevano

111

niente. Quella era gente che non riconoscevano persone che erano su tutti i giornali. Lui era un capitano NATO ed era fiancheggiatore BR. Sul caso Moro sono state scritte delle balle totali e la stampa ce le ha fatte accettare. La commissione aveva stabilito dati alla mano che il memoriale Morucci-Faranda era baggianata.

Nella politica attuale da chi si aspetta delle risposte?

Mi aspetto risposte da tutti i cittadini italiani. Secondo me nel momento in cui uno va in Parlamento diventa responsabile per fare quello che può verso la verità dei cittadini, verso la verità di tutti questi eventi. Credo che la responsabilità sia di tutti. La Meloni arriva da un mondo che ha a che fare con questo mondo terroristico però non puoi accusare una persona che è diventata da pochissimo tempo primo ministro. Noi abbiamo chiesto che certi tavoli di confronto, certi tavoli per la desecretazione dei documenti vadano avanti. Ci sono delle direttive, prima con Prodi, poi con Renzi, poi con Draghi che hanno permesso di aprire un carteggio che in questi anni hanno secretato, oppure non si riusciva a vedere o comprendere. Tutto questo adesso con queste direttive potrebbe essere desecretato e messo a disposizione delle associazioni dei familiari delle vittime e speriamo che questo continui perché momentaneamente è tutto bloccato ma spero soltanto momentaneamente.

5. CAF

*"A Sigonella per la prima volta in quella circostanza Bettino
Craxi, che in quel momento era il Presidente del Consiglio,
fece una scelta di forte indipendenza dagli Stati Uniti, era
molto inusuale per la politica estera italiana"* (Luigi Contu)

All'inizio degli anni '80, dopo un decennio di attentati e scandali, la
Democrazia Cristiana è più debole che mai. Dopo circa 40 anni, per
la prima volta, a causa della debolezza del partito dopo lo scandalo
P2, abbiamo un presidente del Consiglio non democristiano. Il nome
scelto dal presidente della Repubblica Sandro Pertini è quello di
Giovanni Spadolini. Nel 1981, la DC riconosce "pari diritti" ai partiti
laici (PRI, PSI, PLI, PSDI) e a loro, quindi, viene garantita
l'alternanza di governo. Il nome di questo "patto" è Pentapartito.
Questo quintetto sarà al governo ininterrottamente dal 1981, con il
governo Spadolini I, fino al 1989 con l'Andreotti VI, con il quale

inizierà anche un'altra alleanza che vedremo in seguito e con l'uscita del PRI vi sarà il Quadripartito fino al 1993.

Tale organizzazione è la fusione del centrismo degli anni '50, con l'esperienza del centro-sinistra organico degli anni '60-'70 e allontana di fatto un'entrata al governo del Partito Comunista Italiano, dopo gli anni del cosiddetto "compromesso storico".La Democrazia Cristiana rimane comunque il partito più votato, guida della coalizione di governo e riuscì più volte ad impedire che esponenti dei partiti laici diventassero Presidenti del Consiglio, come ad esempio lo scontro tra De Mita e Craxi verso la seconda metà degli anni '80. La novità assoluta di questa formula era la presenza al governo assolutamente paritetica fra democristiani e rappresentanti dei quattro partiti minori alleati (PSI, PSDI, PLI e PRI) e alternanza dei leader di tutti i partiti di maggioranza alla Presidenza del Consiglio. Il primo, appunto, fu Giovanni Spadolini dei Repubblicani.

La coalizione rischia addirittura di non partire neanche nel 1981.Infatti, in occasione del voto di fiducia a Spadolini, emerse tutta la conflittualità interna alla maggioranza la DC e il PSI. I socialisti, infatti, furono costretti a votare la fiducia al nuovo governo solo per evitare che esso potesse nascere grazie all'astensione dei comunisti, interessati ad evitare le elezioni anticipate. Elezioni che il PSI voleva per sfruttare il momento favorevole e rafforzare la propria posizione nei confronti sia dei comunisti che dei democristiani.

I due governi Spadolini vanno avanti fino al 1982, quando al quinto governo di Amintore Fanfani viene affidato il compito di traghettare il paese fino a fine legislatura, nel 1983. La DC continua a essere debole, anche dopo le elezioni. Quindi vi fu un forte guadagno dei socialisti nel ruolo politico all'interno del Pentapartito. Lo scenario ridisegnato dalle elezioni era: DC e PCI erano in una situazione di sostanziale equilibrio, separati solo da circa 3 punti percentuali; i socialisti, dunque, potevano fare da arbitri e ottenere dalla situazione tutti i vantaggi possibili (in particolare la Presidenza del Consiglio), poiché senza il loro consenso non era praticabile nessuna alternativa di governo. Proprio in questo frangente, divenne presidente del Consiglio per la prima volta un socialista, Bettino Craxi.

Craxi nasce a Milano nel 1934, è segretario del PSI dal 1976 ed è molto influente nel mondo socialista, anche a livello europeo. Già nel 1979 aveva ricevuto l'incarico a Presidente del Consiglio da Pertini, il quale poi esaudirà il suo sogno di avere sia Presidente della Repubblica che nel Consiglio, entrambi di stampo socialista, il 4 agosto 1983. «Si tratta - disse allora Craxi - di un Consiglio nel quale saranno rappresentate tutte le forze politiche; un Consiglio politico, che dovrà consentire consultazioni più rapide su tutte le questioni che saranno poi sottoposte al vaglio del Consiglio dei ministri, su tutte le questioni di indirizzo importanti. Si tratta di un organismo autorevole in cui saranno rappresentati anche i ministeri politici ed economici più importanti».Furono diversi i provvedimenti varati dal governo Craxi, tra cui il taglio di tre punti della scala mobile, ottenuto dopo una estenua e lunga trattativa coi sindacati e

115

dopo una lunga contestazione del PCIe della componente comunista della CGIL, che costrinsero l'organizzazione sindacale ad abbandonare le trattative. Per preservare la prospettiva dell'unità sindacale e non costringere la CISL e la UIL a rompere i rapporti con la CGIL e per assicurare le altre misure di contenimento dell'inflazione concordate con gli imprenditori e gli organismi economici, il governo Craxi varò il cosiddetto "Decreto di San Valentino". Il PCI e la componente comunista della CGIL diedero vita a massicce manifestazioni di massa, mentre i parlamentari comunisti scatenarono un durissimo ostruzionismo contro la conversione in legge del decreto-legge. Vi fu poi un referendum abrogativo della sola parte del provvedimento relativa al taglio dei tre punti della scala mobile nel 1985. Nella campagna elettorale, Craxi partecipò attivamente a sostegno della sua riforma, ottenendo, con il 54,32% di NO all'abrogazione della legge, la conferma della validità del suo operato. Craxi, inoltre, varò anche il cosiddetto "decreto Berlusconi", dopo la decisione dei pretori di Torino, Roma e Pescara di oscurare i canali televisivi della Fininvest, di proprietà dell'imprenditore milanese Silvio Berlusconi con cui Craxi intratteneva dei solidi rapporti d'amicizia e rispetto reciproci, che consentì lo sviluppo delle televisioni commerciali a discapito del monopolio RAI. Il decreto, che stabilì dunque la legalità delle trasmissioni delle televisioni dei grandi *network* privati, suscitò aspre critiche da parte delle piccole emittenti private e dei costituzionalisti.

In politica estera il governo Craxi e il personale intervento del Presidente del Consigliosi caratterizzarono per scelte coraggiose volte a sollecitare e portare avanti il processo d'integrazione europea, come apparve evidente nel semestre di presidenza italiana (1985) del Consiglio europeo. Si tratta di un indirizzo che proseguì anche nei successivi governi a partecipazione socialista e che portò al deciso avallo del trattato di Maastricht nel 1992 (nonostante questo trattato contenesse "in nuce" la fine della politica economica di debito pubblico su cui si era fondata la Prima Repubblica, compreso il quindicennio di governi a partecipazione socialista).

Craxi continuò anche la politica atlantista dei suoi predecessori. In seguito alla "doppia decisione" della NATO di reagire all'installazione degli SS-20, sin dal 1979 aveva dato l'appoggio del suo partito per l'installazione in Sicilia dei missili *Cruise* puntati contro l'URSS: fu da allora "che la politica italiana (e quella euroatlantica) incrocia la fase decisiva dell'iniziativa americana per l'installazione degli euromissili. Secondo Brzezinski, l'ex segretario di Stato di Carter, "senza i missili Pershing e Cruise in Europa la guerra fredda non sarebbe stata vinta; senza la decisione di installarli in Italia, quei missili in Europa non ci sarebbero stati; senza il PSI di Craxi la decisione dell'Italia non sarebbe stata presa. Il Partito Socialista italiano è stato dunque un protagonista piccolo, ma assolutamente determinante, in un momento decisivo". Infine, il suo governo promosse il cosiddetto "nuovo concordato" con il Vaticano, revisionando i Patti Lateranensi del 1929. Con tale revisione, in Italia il cattolicesimo cessava di essere considerato religione di Stato.

L'evento forse più importante del governo Craxi I è senza dubbio la Crisi di Sigonella, quando nella base NATO della città siciliana, nel 1985, si rischiò uno scontro armato tra i nostri VAM e Carabinieri e gli uomini della Delta Force degli USA, in seguito agli eventi della nave italiana 'Achille Lauro', dove fu ucciso Leon Klinghoffer, un passeggero disabile statunitense ed ebreo.

Lo scontro si consumò nella notte tra Craxi e Reagan, il primo riteneva che i terroristi andassero processati sotto la giurisdizione italiana, il secondo che dovessero essere presi e arrestati dagli americani. Alla fine, per evitare una guerriglia, si decise per la 'linea Craxi'. Secondo Luigi Contu, direttore dell'Ansa, questo evento ha irrimediabilmente cambiato i rapporti tra i due paesi, perché

> per la prima volta in quella circostanza Bettino Craxi, che in quel momento era il Presidente del Consiglio, fece una scelta di forte indipendenza dagli Stati Uniti, era molto inusuale per la politica estera italiana. Siamo sempre stati molto atlantisti, ma anche appiattiti dalle richieste della NATO e degli Stati Uniti, non che Craxi non fosse atlantista, aveva un particolare interesse e sguardo verso il mondo arabo, così come lo stesso Giulio Andreotti, ma in quel caso fece prevalere più un interesse, una sovranità territoriale nazionale in quella base dove i militari americani furono circondati dai militari italiani, che era una cosa all'epoca quasi fantascientifica. Quindi in quel momento gli Stati Uniti si resero conto che l'Italia poteva avere una sua politica estera ma in qualche situazione poteva fare delle scelte di rottura. Poi i rapporti sono stati sempre buoni ma quello è stato un primo segnale che

l'Italia voleva avere un suo ruolo anche all'interno di un'alleanza consistente e così forte.

Infine, abbiamo chiesto allo storico Enrico Landoni di tracciare un bilancio dell'esperienza di Craxi alla presidenza del Consiglio

Tante cose ma in generale una. Craxi si trova al governo in una fase di straordinaria modernizzazione di questo Paese. E dico una cosa che è forte ma che deve dare il segno. Questo Paese è sostanzialmente fermo da allora, cioè la stagione di maggiore intensa modernità che l'Italia abbia conosciuto nella storia più recente si è consumata proprio nel periodo in cui Craxi ha governato l'Italia. E non utilizzo a caso il termine "modernizzazione" perché dovete immaginare trasformazioni epocali della società, trasformazione epocale del nostro profilo economico. Tenete conto che è in questi anni che l'Italia conosce un po' la transizione al terziario avanzato. Certo, questo concetto non riguarda tutto il Paese, avviene soprattutto a Milano. Cambia il sistema di produzione, esattamente tra l'inizio e la metà degli anni '80 cambiano i sistemi di produzione, Milano diventa la capitale del terziario avanzato, molte realtà del Paese si terziarizzano. Cambiano i gusti, cambiano le modalità di relazione tra le persone. Anche i cosiddetti corpi intermedi, la struttura della rappresentanza si modifica sostanzialmente. Quindi questa è la stagione della più grande modernizzazione della storia del nostro Paese degli ultimi 40-45 anni che Craxi prova a governare assumendo anche delle posizioni lì per lì impopolari e forti che però hanno anche trovato del consenso. Siamo in un periodo di inflazione, è forte la presa di posizione di Craxi che tra l'83 e l'84 individua nella scala mobile una dinamica perversa, tale per cui aumentano sì i salari e vengono ancorati dal tasso reale di inflazione ma questo crea un circuito perverso. L'automatismo di salari e inflazioni porta ad una forte crescita della spirale inflativa. E questo crea tensioni, attriti nel Paese. Naturalmente ha un grande significato la nuova regolamentazione dei rapporti tra Stato e Chiesa. La classica scelta che ormai da diversi anni porta ai genitori di far seguire ai propri figli l'ora di religione, tutto questo è il risultato del Concordato, del nuovo Concordato, di quel cambiamento di quell'accordo storico che dopo il concordato mussoliniano ha riconfigurato gli aspetti dei rapporti tra Stato e Chiesa. Un'altra cosa da ricordare è che l'Italia entra nel G7 durante gli anni di Craxi, quindi un cambiamento epocale, un riconoscimento di un ruolo dell'Italia che raggiunge sul piano della crescita economica dei risultati importanti. E poi c'è l'apertura dei nuovi soggetti editoriali. Dopo gli anni '70, che furono gli anni della comparsa delle radio e televisioni ma in un clima ancora selvaggio e non regolamentato da una legge dello Stato, i socialisti con Craxi sono i primi a capire che era arrivato il momento di aprire alle televisioni e radio commerciali, con tutto quello che ne conseguiva e che consegue dei prodotti che vengono realizzati, del rapporto tra l'audience e i grandi media, televisione e radio, e anche un nuovo modo di considerare i gusti del pubblico. Tutto questo avviene durante quella stagione lì. Milano, che era la punta più avanzata di questa stagione di modernizzazione, è stata definita "Milano da bere" nel senso che questa stagione degli anni 80 è considerata come la stagione dell'edonismo, dell'egoismo, degli huppies, del successo economico. Tutto questo è un grande stereotipo, un grande bluff nel senso che questa interpretazione di quel periodo è assolutamente fuorviante. Va ricordato che lo slogan "Milano da bere" è stato coniato da Marco Mignani, un celebre pubblicitario, ma si rifaceva al fatto che era una stagione molto felice della città di Milano e direi anche del Paese che usciva dagli anni terribili della violenza, della manifestazione di piazza, ogni week end negli anni '70 le persone erano barricate in casa perché avevano paura di uscire, potevano esserci violenze, tumulti, e tra l'inizio e la metà degli anni '80 le persone tornano ad appropriarsi dei propri spazi anche privati in contesti che prima erano molto molto complicati. Quindi dobbiamo ricostruire il contesto. Quella stagione è stata maltrattata e non compresa adeguatamente.

C'è un'immagine, secondo me, molto bella che dà l'idea, la misura, il senso di questa grandissima continuità anche generazionale tra un grande socialista partigiano come Pertini e il primo Presidente del Consiglio socialista della storia italiana nel 1982 c'è un bellissimo convengo a Milano e c'è un abbraccio bellissimo tra Craxi e Pertini, un abbraccio paterno. Tra i due c'era un rapporto molto forte di grandissima stima, non sono a conoscenza di dissapori e di situazioni particolari. Pertini poteva vivere con preoccupazione lo scontro che diventa molto violento tra Craxi e Berlinguer. Con Cossiga ci furono delle condivisioni di punti anche duri, mi riferisco ad esempio alle grandi riforme, Craxi alla fine degli anni '80 matura l'idea ed esigenza di dure trasformazioni della nostra carta costituzionale, di alcuni aspetti legati alla amministrazione, agli apparati dello Stato, ai rapporti con la giustizia di cui Craxi e i socialisti hanno sempre avuto modo

121

di sottolinearne le criticità. Nell''88 in Italia si tiene un referendum sulla responsabilità civile dei magistrati, un progetto ridimensionato rispetto al disegno legislativo perché in Parlamento ci fu un'opposizione molto forte da parte delle altre forze politiche. Giuliano Vassalli, ministro di Grazia e Giustizia dell'epoca, socialista, si adoperò per la riconfigurazione dei rapporti con la magistratura e una chiamata di responsabilità del loro operato. Si usciva dalla drammatica vicenda di Tortora, giornalista straordinario che ha pagato con la vita di essere stato tirato in mezzo del tutto in tutto ingiusto e allucinante da un pentito di cui le rivelazioni non sono state sottoposte ad un vaglio critico serio e approfondito da parte della magistratura. Almeno due persone furono addirittura promosse, fecero carriera nella magistratura, questo getta una luce davvero inquietante sotto alcuni aspetti. Quindi Craxi condivideva con Cossiga l'esigenza di alcuni cambiamenti strutturali.

Non è dello stesso avviso Alessandro Forni, il quale, oltre a un suo pensiero sull'esperienza di Bettino Craxi alla guida del paese, descrive anche quello che è stato il cambiamento del socialismo fino al leader del PSI degli anni '80

Craxi ha avuto la fortuna di essere presidente del consiglio negli anni '80, (negli anni in cui c'erano Reagan e Thatcher), negli anni in cui l'economia tirava, tanto che l'Italia diventò la quarta potenza mondiale. Craxi ha avuto la fortuna di trovarsi in una situazione di sviluppo economico felice. Però Craxi cosa ha fatto che si può ricordare in quegli anni? Io francamente non mi ricordo niente. Ricordo solo che c'è stata la famosa 'Milano da bere', questa volontà di avere più che essere. L'unica cosa che rimane di Craxi si può dire sia Berlusconi. Berlusconi andava dove erano i suoi interessi, Craxi lo stesso, quindi si sono trovati i due. Craxi è un socialista atipico nel senso che si stacca dal socialismo tradizionale, dei De Martino, dei Pertini, son quei personaggi [Craxi] che han dato un'ideologia al momento. C'è da dire che Craxi è sempre un uomo di sinistra, quindi, ha sempre una particolare attenzione a certe tematiche sociali, che non ha avuto Berlusconi e non hanno avuto quelli di destra. Però non è un socialismo tradizionale. Sul socialismo ci sarebbe infatti da aprire una finestra, che risale alla Prima guerra mondiale. Nel senso che il vero socialismo morì con la Prima guerra mondiale, l'internazionalismo socialista si suicidò con la Prima guerra mondiale, nel senso, quando i partiti socialisti della Germania e della Francia approvarono i bilanci di guerra dei rispettivi governi. E quindi al socialismo preferirono il nazionalismo. Uno dei pochi partiti che si distinse in questo era il partito socialista. Il socialismo è morto lì, poi se lo ritroviamo dopo la guerra, se lo ritroviamo in Craxi è perché c'è stato il fenomeno della rivoluzione bolscevica e russa col comunismo e quindi l'han mantenuto in vita anche se non era più il comunismo di stampo sovietico, non era più il socialismo internazionalista. Che poi si trasformò in un comunismo internazionalista, cioè il comunismo si identificava con l'URSS, soprattutto dopo che fu invaso dalla Germania e dopo che fu soggetta all'attacco, alle sanzioni, alla diffidenza degli stati occidentali. Quindi noi il socialismo che troviamo dopo è un socialismo ereditato, non è più socialismo, è adatto a tutte le stagioni. Poi però un'ideologia non muore immediatamente. Va pianino va pianino, si spegne come una candela. La candela del socialismo non si è spenta improvvisamente nel 1914, però idealmente aveva perso l'anima. Perché il socialismo era internazionalista, quando scorse un'idea nazionalista come fu la guerra non fu più socialismo.

Una nuova crisi esplose nel 1986, quando il segretario della Democrazia Cristiana, Ciriaco De Mita, ottenne che il secondo incarico conferito dal nuovo Capo dello Stato, Francesco Cossiga (più volte ministro, due presidenti del consiglio ed ex presidente del Senato) a Craxi fosse vincolato dal cosiddetto "patto della staffetta", che avrebbe visto un democristiano alternarsi alla guida del governo dopo un anno, per condurre al termine la IX legislatura nel 1987. Dopo aver taciuto per mesi intorno a questo patto, avallandone implicitamente l'esistenza, Craxi sconfessò l'accordo nel febbraio 1987.

La DC fece così cadere il governo, salì Fanfani, come traghettatore, fino alle elezioni. Dal 1987 in poi la DC non fu più disponibile a dare la fiducia a Craxi, preferendo sostenere come Presidente del Consiglio prima Goria e poi lo stesso De Mita.

Nel 1989, anno decisivo nella storia non solo italiana ma anche mondiale, Craxi è ritornato alla carica contro la maggioranza della DC espressione della sinistra interna: era deciso a ritornare a Palazzo Chigi, ma per farlo doveva scalzare De Mita dalla guida del governo e del partito. Formò così l'alleanza denominata CAF, dai nomi dei suoi fautori: Craxi, Andreotti, Forlani. Il patto, siglato a Milano in un parcheggio dello stabilimento Ansaldo, vicino a dove vi era il congresso del PSI, aveva come obiettivo primario la caduta del governo De Mita. Infatti, al congresso del PSI di maggio 1989, in cui Craxi fu rieletto segretario col 92% dei consensi, si fece approvare una mozione che suonò come una esplicita sfiducia al governo De Mita. Il leader campano rassegnò le dimissioni da Presidente del Consiglio, dopo aver già perso la segreteria democristiana che era andata nelle mani di Arnaldo Forlani, alleato di Andreotti. Nasce così il sesto governo Andreotti, l'ultimo del Pentapartito. Sempre allo storico Enrico Landoni abbiamo chiesto un commento sulla nascita di questa alleanza e il perché sia nato questo accordo

> L'accordo del CAF viene stipulato nell'89, è un momento di snodo fondamentale. Intanto l'89 è l'anno della caduta del muro di Berlino e tutto ciò che ne consegue dal punto di vista del riassetto internazionale. L'89 è un anno spartiacque, tra la primavera e l'estate si registrano delle svolte importanti. Intanto c'è stato a maggio il congresso nazionale del PSI, il famoso congresso dell'Ansaldo durante il quale i socialisti assumono una posizione molto dure nei confronti di De Mita e del suo governo. Lì c'è il problema grosso di uno scontro personale tra la sinistra democristiana di Ciriaco De Mita che guidava il partito (l'area sinistra del partito di maggioranza relativa rispetto soprattutto ai socialisti) e tra le opposizioni interne della democrazia cristiana,

diciamo alla destra della DC. Aldilà di quelle che erano le asincronie personali che erano evidenti, tra Craxi e De Mita non scorreva buon sangue per tante ragioni, geografiche, culturali, valoriali, c'era proprio una diversa divisione della società. Io voglio ricordare che i comunisti ma soprattutto direi la parte sinistra della DC era fortemente ostile alle grandi svolte culturali, editoriali degli anni '80. I primi oppositori della televisione commerciale del modello editoriale di Mediaset era proprio la sinistra democristiana che si oppose con tutte le sue forze perché Berlusconi potesse appunto creare il suo colosso mediatico. Ma aldilà di Berlusconi e delle questioni economiche che erano al centro di queste vertenze vorrei sollecitare la vostra attenzione sul tema della visione della società. Forse era il non comprendere da parte di queste forze politiche e sociali che il mondo stava cambiando, che l'Italia stava completamente cambiando gusti. Cercare di impedire questa modernizzazione che era in atto è come soffiare contro i mulini a vento o arginare qualcosa che non era più arginabile. Quindi c'era proprio una visione completamente diversa della società che ad un certo punto venne sconfitta tramite un accordo di carattere tattico su cui molti hanno discusso soprattutto dai giornalisti. Se voi fate ricerche e guardate cosa è stato scritto sul CAF vedete che l'80% se non il 90% sono tra il malevolo, il terribile e il pessimo, tutti i guai dell'Italia sono riconducibili a questa alleanza. Ma non è proprio così, c'erano anche ragioni politiche e profonde di visione del mondo. E poi c'era anche una contingenza, un aspetto pratico. Forlani e Andreotti erano chiaramente più fermi oppositori di De Mita, c'era bisogno di creare un'alleanza che andasse aldilà del confine della

DC per mettere in scacco De Mita, per disarcionare De Mita non solo dalla guida del partito DC ma anche dalla guida del governo, cose che infatti succedono. In pochi mesi De Mita è costretto a lasciare la segreteria del partito cedendo il posto a Forlani e anche lasciare il governo dopo questa presa di posizione molto forte nel maggio '89 durante il congresso del PSI che sfiducia sostanzialmente il governo di De Mita. Nasce il sesto governo Andreotti che meglio rappresenta il senso e significato di questo patto del CAF. È giusto ricordare che tra l'89 e il '91, quindi tra il sesto e settimo governo Andreotti, vengono assunti quei provvedimenti di più grande respiro e veduta per quanto riguarda la cessazione dei rapporti tra il Nord e Sud del mondo, tra l'Italia e l'altra sponda del Mediterraneo con tutto il tema che attiene alla cancellazione del debito dei paesi più poveri, tutta la legislazione che riguarda la cooperazione e lo sviluppo internazionale, la legge del 1991 che prevedeva la cancellazione del debito dei paesi più poveri. Vi è una elaborazione e anche un'analisi di politica estera di straordinaria profondità. Tra Craxi e Andreotti si crea un rapporto molto forte proprio sui temi di politica estera, c'era una visione comune sul ruolo dell'Italia sulla scena internazionale. L'attenzione particolare al Mediterraneo, l'attenzione particolare al Medioriente, questo tema legato alla crisi drammatica del debito dei paesi più poveri. E quindi intorno al CAF c'è una ricostruzione giornalistica terribile nella quale si racconta dell'esplosione del debito pubblico, degli sperperi, degli abusi, della corruttela. Questioni che intendiamoci, non è che non ci fossero, qualcosa che non ha funzionato e che ha rappresentato delle criticità mi pare sia innegabile. Ma il racconto, così come viene presentato, rimuove dall'analisi, dalla ricostruzione del contesto, queste questioni di politica internazionale di grandi valori e grandi temi che non possono essere eliminati. Tra l'altro nella stagione della seconda repubblica che ha invece completamente rimosso i contenuti politici alla base di una riflessione seria anche in un rapporto tra leader politici.

Perché, visto che l'accordo era partito da lui, nel CAF Craxi non partecipa attivamente come membro del governo e si decide per Andreotti come capo di Palazzo Chigi?

In verità non si è arrivati in tempo. Nel senso che questo accordo prevedeva il ritorno al governo di Bettino Craxi. Il problema però è che non si arriva in tempo perché tra il '91 e '93 succedono una serie di questioni che portano non solo alla cronaca giudiziaria, alla vicenda drammatica e cruenta di Mani Pulite, ma c'è anche tutto il tema tra il '91 e '92 c'è anche il referendum sulla preferenza unica, iniziano a soffiare molto forti i temi riguardanti l'antipolitica e Craxi assume delle posizioni che non erano popolari rispetto a cui anche i democristiani avevano anche delle preoccupazioni. Craxi prese delle posizioni molto forte sui sentimenti antipolitici, ricordate la frase nel '91 'andate al mare'. Non si crearono quindi le condizioni sia di tempo che di opportunità per quell'effettivo ritorno al governo di cui si parlava. Non ci fu nemmeno il tempo perché, dopo le elezioni del '92 all'esito di cui, lo voglio ricordare, nonostante l'antipolitica, il sentimento dominante, ecc il cosiddetto pentapartito ha ancora una assoluta maggioranza in Parlamento sia alla Camera che al Senato e c'è l'esplosione dello scandalo di Mani Pulite quindi Craxi non può per ragioni di opportunità politiche ricoprire la carica di presidente del consiglio. Quindi è anche per questo motivo che non si arriva al ritorno a Palazzo Chigi di Craxi.

Con la figlia di uno dei protagonisti di questo patto, Serena Andreotti, abbiamo trattato dei*rapporti che aveva il padre Giulio con il presidente della Repubblica Francesco Cossiga, Bettino Craxi e Arnaldo Forlani*

Con i due della DC, soprattutto Cossiga, nonostante alti e bassi ad inizio anni '90 quando Cossiga fece le "picconate", andava molto d'accordo ed erano amici. Ora è in pubblicazione un carteggio di ben tre volumi di lettere tra mio padre e Cossiga sino alla morte di quest'ultimo, con toni di cordialità e grande rispetto. Forlani anche era un amico e compagno di partito. Con Craxi erano controversi: iniziarono malissimo, lui criticò pesantemente mio padre, che ricambiava. Poi quando mio padre divenne Ministro degli esteri e Craxi Presidente del Consiglio scoprirono una affinità di intenti che li portò a rivalutarsi reciprocamente. Tra l'altro avevano un sistema e una visione del lavoro totalmente opposta: mio padre era preciso, meticoloso, si segnava tutto; Craxi basava tutto sull'intuizione. Spesso però aveva delle intuizioni geniali. Erano d'accordo perché complementari. I due si scambiarono cordialmente delle lettere anche quando il malato Craxi era in Tunisia e mio padre cercò in tutti i modi di riportarlo in Italia per le cure ed evitargli la prigione che doveva in teoria scontare nel nostro Paese.

Sempre con la figlia del sette volte presidente del Consiglio, abbiamo ricordato il 1989 e gli anni successivi. Un periodo di importanza straordinaria che ha di fatto cambiato la politica, ma, più in generale, l'Italia stessa.

Cade il Muro nel 1989, suo padre diventa presidente del consiglio nuovamente, c'è la guerra in Iraq, e poi, sempre nel 1991, diventa senatore a vita, nel 1992 c'è la possibilità che diventi Presidente nella Repubblica, e poi da lì nei mesi successivi scoppia Tangentopoli e vengono uccisi Lima, Falcone e Borsellino. Amato diventa Presidente del Consiglio, Scalfaro Presidente della Repubblica e si va verso una nuova era politica. Era Giulio Andreotti il principale obiettivo politico e mediatico di tutto questo?

No, direi che era uno dei molti. La volontà era proprio di abbattere il sistema politico retto sul dualismo est-ovest, che la caduta del Muro, la riunificazione della Germania e la Caduta dell'Urss, avevano cambiato. Di questo cambiamento c'è chi ha cercato, riuscendoci parzialmente, ad approfittarne instaurando nuovi tipi di politica, però per arrivare a questo si è arrivati usando campagne mediatiche e una disinformazione pesante. Questo è un vizio d'origine della seconda repubblica che poco ha fatto e ha dato.

Dopo le elezioni del 1992 il Quadripartito conservò la maggioranza assoluta dei seggi, ma si fermò al 48,85% pari a 331 seggi alla Camera e 163 al Senato, risultato che rese difficile la formazione di una forte maggioranza parlamentare.La maggioranza era ridotta al lumicino, ma in sostanza lo era anche l'opposizione tradizionale. La situazione era di grave instabilità: la vecchia maggioranza aveva perso e non si era coagulata, ma non esisteva nessuna nuova maggioranza. Quando, a maggio, le Camere appena riunite furono chiamatea eleggere il nuovo Presidente della Repubblica, le votazioni si tennero in un clima di fortissima tensione politica (in quegli stessi giorni veniva ucciso il giudice Falcone) e fu affossata dapprima la candidatura di Forlani, poi quella di Andreotti. Alla fine, fu eletto il democristiano Oscar Luigi Scalfaro. Il nuovo presidente si rifiutò di concedere incarichi ai politici vicini agli inquisiti del pool di Milano, dopo lo scoppio del caso Tangentopoli: Bettino Craxi, che aspirava a tornare a Palazzo Chigi, dovette rinunciare in favore di Giuliano Amato, il cui primo esecutivo si dimise meno di un anno dopo, falcidiato dalle comunicazioni giudiziarie nell'ambito di Tangentopoli. Successivamente il Presidente dellaRepubblica incaricò Carlo Azeglio Ciampi per la formazione di nuovo governo, il primo guidato da un non parlamentare, l'ultimo di questa decennale fase della Repubblica italiana.

6. Tangentopoli e l'avvento di Silvio Berlusconi

"I partiti avevano bisogno di talmente tanti soldi che non
bastava il canale legale del finanziamento e si utilizzavano
degli altri canali per poter reperire fondi utili alla campagna
elettorale, al pagamento dei funzionali, ecc. Ma questo non
vuol dire che i leader dei partiti rubassero per loro stessi"
(Enrico Landoni)

Il primo giorno della settimana, di solito, non riserva grandi
sorprese: si ritorna al lavoro o alla propria routine
infrasettimanale, dopo magari un fine settimana passato a casa
oppure fuori porta. Lunedì 17 febbraio 1992, però, iniziò (forse
nessuno se lo aspettava) la più grande indagine nei confronti
della politica e dell'imprenditoria italiana dal regno d'Italia in
poi. "Mani Pulite" o "Tangentopoli" fu una indagine diversa,
perché per la prima volta non furono soltanto decisivi i magistrati
o gli avvocati ma anche i giornalisti e l'opinione pubblica, parte
fondamentale di questa indagine. Tutto inizia proprio in quel
lunedì di metà febbraio quando il PM della procura di Milano,
Antonio Di Pietro, ottiene da Italo Ghitti l'autorizzazione a
procedere all'arresto di Mario Chiesa, presidente del Pio Albergo

Trivulzio, a Milano. L'imprenditore Luca Magni, stufo di pagare tangenti all'esponente del partito socialista, aveva sporto denuncia ai carabinieri. Magni, d'accordo con Di Pietro, si sarebbe presentato nell'ufficio di Chiesa in via Marostica 8 per consegnare 7 miliardi in tangenti per le 17.30; in quel momento la squadra del magistrato avrebbe fatto irruzione e colto in fragrante Chiesa. Il presidente del Pio Albergo Trivulzio fu preso in bagno mentre cercava di buttare i soldi nel water. Il 3 marzo, il segretario del PSI Bettino Craxi, prende le distanze da questo arresto e definì Mario Chiesa "un mariuolo", rilasciando queste dichiarazioni a Daniela Vergara del Tg3: "In questa vicenda una delle vittime sono proprio io. Mi preoccupo di creare le condizioni perché il paese abbia un Governo che affronti gli anni difficili che abbiamo davanti e mi trovo un mariuolo che getta un'ombra su tutta l'immagine di un partito che a Milano in cinquanta anni di amministrazione del comune non ha mai avuto nessun amministratore condannato per reati gravi commessi contro la pubblica amministrazione". Le dichiarazioni di Craxi al Tg3 fecero scalpore e invogliarono lo stesso Chiesa a confessare tutto, in quanto mollato dal suo stesso partito: "L'acqua minerale è finita". Il 23 marzo Chiesa rivelò a Di Pietro che il sistema di tangenti era molto più esteso di ciò che si pensava e che, stando alle sue dichiarazioni, era diventata quasi una tassa richiesta nella stragrande maggioranza degli appalti. A beneficiare di queste tangenti furono imprenditori, politici e amministratori di ogni partito, dalla DC al PSI. Inizia così, allora senza alcuno scalpore, l'indagine del pool di Milano. Il termine "Mani Pulite" è un termine giornalistico applicato alla politica, esso, infatti, deriva in realtà dal film "Le mani sulla città" di Francesco Rosi, del 1963. In una scena del film, alcuni membri del consiglio comunale rispondono all'accusatore affermando:" le nostre mani sono pulite!". L'espressione divenne poi di uso comune nel mondo politico (da Amendola a Pertini), sino a diventare di dominio pubblico grazie all'indagine del pool di Milano ad inizio anni '90, e forse, opinione personale, anche per essere più compreso e attraente agli occhi di telegiornali, giornali e opinione pubblica in generale.

Nell'immaginario collettivo, però, questa indagine prende il nome di "Tangentopoli", termine coniato qualche mese prima dell'inizio di "Mani Pulite", dal caporedattore di Repubblica, Pietro Colaprico, riferendosi ad un sistema di corruzione e "bustarelle" all'interno del Comune di Milano.

Come scritto qualche riga sopra, all'inizio l'arresto di Chiesa e l'indagine del pool di Milano non era in nessuna prima pagina di nessun giornale mondiale, anzi, era considerata quasi irrilevante, il Corriere della Sera addirittura scrisse della notizia solo nella pagina 40 del giornale del 18 febbraio 1992 dedicata alla "Cronaca di Milano".

Com'è possibile che una notizia così importante che ha cambiato il mondo della magistratura, della politica, dell'imprenditoria e della comunicazione italiana, proprio quest'ultima abbia deciso di non inserirla direttamente in prima pagina? Prendendo proprio ad esempio il Corriere della Sera, in prima pagina il titolo è "In Piazza la rabbia dei poliziotti" e viene raccontata l'esportazione negli USA di 10mila mafiosi. Quindi, come potete capire, quella di Tangentopoli all'inizio non era altro che un fatto considerato unilateralmente di cronaca locale. A metà febbraio, poi, siamo in piena campagna elettorale verso il decisivo mese di aprile 1992, fine del progetto di CAF (Craxi, Andreotti, Forlani): il settimo governo Andreotti si occupa di traghettare il paese alle elezioni; Craxi sogna di formare un nuovo governo; Forlani guida la segreteria DC.

Alle elezioni del 5 aprile 1992, la Democrazia Cristiana scende per la prima volta sotto il 30%, il PSI è al 13,62%, il PDS (Partito Democratico della Sinistra – il nuovo partito post PCI) arriva solo al 16,11%. Non solo la DC, ma anche la fiducia nei confronti della classe politica è ai minimi storici, a sfruttare questo fu la Lega Nord di Umberto Bossi che raggiunse l'8,65% a livello nazionale, grazie anche all'inizio di una mediatizzazione della politica che risulterà decisiva pochi anni dopo, come vedremo in seguito.

Alla crisi della politica italiana post firma del trattato di Maastricht ad inizio febbraio del 1992, si unisce anche la firma di dimissioni anticipate del presidente della Repubblica Francesco Cossiga, il 28 aprile 1992. Cossiga decise di annunciare attraverso una conferenza stampa le sue dimissioni il 25 Aprile 1992. Il presidente, a reti unificate, alle 18.38 annuncia: "Ho preso la decisione di dimettermi da Presidente della Repubblica, spero che tutti lo consideriate un gesto onesto, di servizio alla Repubblica".

Si decide quindi di procedere con l'elezione del Presidente della Repubblica e poi con la formazione del nuovo governo, che avrebbe così giurato nelle mani del nuovo Presidente.

Il favorito e candidato unico era proprio l'allora presidente del Consiglio Giulio Andreotti. "Il Divo", però non riuscì a diventare candidato unico della DC alla presidenza in quanto si dovette scontrare proprio con il segretario del suo partito, cioè Forlani. L'indecisione della DC portò ad oltranza l'elezione del futuro Presidente della Repubblica, sino al doloroso 23 maggio 1992, quando, mentre si stava svolgendo il XV scrutinio, alle ore 17.57, nell'autostrada A29 nei pressi di Capaci (PA) una carica al tritolo uccise il magistrato Giovanni Falcone, la moglie e la sua scorta. Il TG1 diede così la notizia con una edizione straordinaria: "buonasera siamo in grado di darvi le immagini dello spaventoso attentato in cui ha perso la vita il magistrato Giovanni Falcone e almeno tre uomini della sua scorta, 20 le persone rimaste ferite. L'attentato è avvenuto nel tardo pomeriggio nell'autostrada che collega Palermo a Trapani..."

Il 25 maggio 1992 viene poi eletto presidente della Repubblica l'allora presidente della Camera e varie volte ministro e sottosegretario, il democristiano Oscar Luigi Scalfaro.

Quello che inizialmente sembrava a tutti un caso locale diventa ben presto, nel bel mezzo di ben altri problemi in questo nefasto

1992 (come ricordato nel paragrafo precedente), un caos nazionale. La stampa, i telegiornali e gli altri media iniziano a seguire ogni movimento di Di Pietro e gli altri magistrati, in cerca di qualche notizia interessante e ad esaltarli quasi come fossero degli eroi nazionali. Ogni giorno, in ogni trasmissione televisiva, tangentopoli e i successivi processi e arresti, iniziano ad entrare in palinsesto, e di conseguenza nelle case degli italiani. Inoltre, può non essere un caso, che il 13 gennaio 1992 iniziano le trasmissioni del TG5 della Fininvest condotto da Enrico Mentana. L'opinione pubblica inizia a scendere nelle piazze, la Lega inneggia al "Roma Ladrona", molti politici iniziano a finire in carcere e imprenditori iniziano a confessare.

Venerdì 3 luglio 1992, durante il giuramento del governo Amato I, prende parola il segretario del PSI dal 1976 e onorevole, Bettino Craxi. Le parole pronunciate da Craxi quel giorno invece risuonarono come una tempesta nell'aula di Montecitorio, che in clericale silenzio, quasi affranta, ascoltò il discorso manifesto di quel momento politico, del passato e dei successivi anni politici. L'esordio di Craxi sul caso del finanziamento ai partiti è altisonante, diretto e quasi inaspettato, da quel momento esatto, quando l'ex Presidente del Consiglio cita il problema, cala il silenzio in aula: "…è tornato alla ribalta, in modo devastante, il problema del finanziamento dei partiti, meglio del finanziamento del sistema politico nel suo complesso, delle sue degenerazioni, degli abusi che si compiono in suo nome, delle illegalità che si verificano da tempo, forse da tempo immemorabile. Bisogna innanzitutto dire la verità delle cose e non nascondersi dietro nobili e altisonanti parole di circostanza che molto spesso, e in certi casi, hanno tutto il sapore della menzogna. Si è diffusa nel Paese, nella vita delle istituzioni e delle pubbliche amministrazioni, una rete di corruttele grandi e piccole che segnalano uno stato di crescente degrado della vita pubblica. Uno stato di cose che suscita la più viva indignazione, legittimando un vero e proprio allarme sociale e ponendo l'urgenza di una rete di contrasto che riesca ad operare con rapidità e con efficacia…".

Il passaggio più famoso e riconosciuto come l'inizio della crisi politica italiana di inizio anni '90, nonché uno dei punti più ben scritti e comunicativamente riusciti di Bettino Craxi in tutta la sua carriera politica, sia a livello del tono di voce accusatorio, a livello di parole e soprattutto con i gesti, indicando e criticando tutta la Camera:

E tuttavia, d'altra parte, ciò che bisogna dire, e che tutti sanno del resto, è che buona parte del finanziamento politico è irregolare o illegale. I partiti, specie quelli che contano su appartati grandi, medi o piccoli, giornali, attività propagandistiche, promozionali e associative, e con essi molte e varie strutture politiche operative, hanno ricorso e ricorrono all'uso di risorse aggiuntive in forma irregolare od illegale. Se gran parte di questa materia dovesse essere considerata materia puramente criminale, allora gran parte del sistema sarebbe un sistema criminale. Non credo che ci sia nessuno in quest'Aula, responsabile politico di organizzazioni importanti, che possa alzarsi e pronunciare un giuramento in senso contrario a quanto affermo: presto o tardi i fatti si incaricherebbero di dichiararlo spergiuro. [...] E del resto, andando alla ricerca dei fatti, si è dimostrato e si dimostrerà che tante sorprese non sono in realtà mai state tali. [...] Un finanziamento irregolare ed illegale al sistema politico, per quanto reazioni e giudizi negativi possa comportare e per quante degenerazioni possa aver generato, non è e non può essere considerato ed utilizzato da nessuno come un esplosivo per far saltare un sistema, per delegittimare una classe politica, per creare un clima nel quale di certo non possono nascere né le correzioni che si impongono né un'opera di risanamento efficace, ma solo la disgregazione e l'avventura. Del resto, nel campo delle illegalità, non ci sono solo quelle che possono riguardare i finanziamenti politici. Il campo è vasto, e vi si sono avventurati in molti, come i fatti spero si incaricheranno di dimostrare aiutando tanto la verità che la giustizia

Un discorso sicuramente importante ai fini di capire quelli che sono gli eventi dell'indagine "Mani Pulite", com'è iniziata e quali sono stati i suoi sviluppi. Da notare è anche il fatto che a riconoscere l'indagine a livello nazionale è stato un segretario del terzo partito più grande d'Italia, il segretario di un partito di governo ed ex presidente del Consiglio dei ministri. Quello che si potrebbe definire il "J'accuse" al Parlamento di Bettino Craxi, in fin dei conti, è stato anche il momento in cui è iniziata la sua caduta politica. Un discorso difensivo, quasi come a riconoscere il fatto di essere stato sì a conoscenza di un finanziamento illegale dei partiti ma accusando anche gli altri di aver commesso il fatto. In merito al discorso di Craxi del 3 luglio 1992, abbiamo intervistato il direttore dell'Ansa Luigi Contu:

Sarebbegiusto ricordare ai ragazzi che non hanno vissuto quegli anni il contesto, perché il Paese era clamorosamente in un periodo di difficoltà. Il mondo era in una fase nuova. Eravamo nel '92, erano finiti quegli anni '80 con Reagan, con il mondo che andava in un certo modo, e bisogna ricordare che era finita la guerra fredda, era caduto il muro di Berlino. Il mondo occidentale, il mondo capitalista aveva vinto rispetto al blocco comunista. Questo aveva prodotto a cascata una grande serie di effetti sulle singole nazioni e poi anche sui partiti che governavano. L'Italia era proprio dentro questo marasma, l'Italia aveva sempre mantenuto una linea atlantista, antisovietica, era un po' un bastione europeo contro il comunismo per quanto avesse al suo interno un partito comunista, che era più forte dell'Occidente, e il venir meno del blocco comunista, con la caduta del muro di Berlino, ebbe un effetto liberatorio su tutta la politica italiana, comunque veniva meno il cemento che aveva impedito ai comunisti di arrivare al potere e che aveva reso molto forte la DC e anche i socialisti. Poi negli anni '90 iniziarono le stragi di mafia, quindi il Paese aveva ancora il terrorismo, era caduto il muro, aveva una mafia molto molto violenta, e il discorso di Craxi arriva dopo le stragi, arriva dopo che Cossiga, che aveva capito tutto questo, aveva negli ultimi anni del suo mandato da Presidente della Repubblica, a "picconare", si disse "Cossiga è un picconatore", perché lui cominciò a fare delle dichiarazioni molto forti contro il sistema, contro la partitocrazia, poi si dimise prima della fine del mandato per dare un segnale. Fu eletto Scalfaro come Presidente della Repubblica proprio il giorno dopo la Strage di Capaci. E quindi si respirava un clima pesantissimo. Allo stesso tempo la magistratura aveva cominciato a svelare quello che era il meccanismo di corruzione di finanziamento dei partiti. Cominciava da Milano, e poi il pool di Milano cominciò a lavorare su tutta Italia. E quindi Craxi si ritrovò quel giorno a fare un discorso drammatico ma un discorso, secondo me, coraggioso. Perché lui disse 'io non voglio che qualcuno qui stia pensando di fare fuori i partiti, a sostituire i partiti con qualcos'altro, e a minare in qualche modo la democrazia'. Invocò una soluzione politica, lui ancora non era inquisito in quel momento, ma sapeva perfettamente come si muovevano i partiti, tutti i partiti sostanzialmente. Nel discorso disse che nessuno si poteva tirare indietro, perché tutti hanno ricevuto finanziamenti illeciti. Ci voleva una soluzione politica per evitare che altri poteri sostituiscano i partiti. Cosa che poi in parte è successa e ne vediamo le conseguenze fino ad oggi. Craxi stava cercando di avvisare tutti che stava accadendo qualcosa di molto pesante per i partiti e per la democrazia. Nessuno gli diede retta, ci fu un silenzio generale, ognuno sperava di guadagnare qualcosa dalla crisi dell'altro. E poi quel tipo di politica è morto. I partiti da lì hanno cominciato ad andare in crisi, non si sono più ripresi tant'è che dopo abbiamo avuto quello che sappiamo, il patto Segni, il referendum, l'arrivo di Berlusconi. Berlusconi è il risultato di quella crisi dei partiti, i partiti entrano in crisi, si crea un vuoto politico e viene fuori un personaggio come Berlusconi che aveva tanti soldi, molto potere, non aveva bisogno del finanziamento illecito di cui avevano usufruito gli altri perché già ce l'aveva lui. Ma era proprio quello che diceva Craxi. Quando Craxi diceva 'si faranno avanti altri al posto dei partiti' il risultato fu Berlusconi che costruì in poco tempo un partito di plastica che però poi ha avuto il consenso degli italiani;

quindi, in qualche modo lui tentò di chiamare in correo tutti ma allo stesso tempo fece anche un ragionamento che forse bisognava prendere diversamente ma in quel momento nessuno lo fece.

Abbiamo chiesto allo storico Enrico Landoni *"Perché in Tangentopoli e processo Cusani sono stati colpiti solo Craxi e il PSI? Erano l'obiettivo politico? L'opinione pubblica e i nuovi media hanno avuto influenza?"*

Alla base di tutto c'è una questione personale, comportamentale e caratteriale di Craxi. Craxi da politico navigato è cresciuto in un'epoca nella quale il partito e il leader guidavano, e naturalmente perseguivano il consenso perché si governa e si fa politica sulla base del consenso del mandato popolare, ma Craxi che ha sempre avversato il populismo non ha mai ceduto alle mode del momento. E quindi Craxi si trova, suo malgrado e per questo ne paga un prezzo altissimo, a mettersi contro il sentimento dominante di quello che era la narrazione, lo storytelling di quel momento. Craxi è colui che chiama la politica anziché mettere la testa sotto la sabbia, allinearsi, a far finta, a dire 'si effettivamente...'. No! Lui rivendica la centralità del suo ruolo e dice 'certo, ci sono stati degli episodi ma si alzi, scagli la pietra chi non è coinvolto in questa vicenda'. Quindi lui pagò per tutti gli altri che d'altra parte gli andarono dietro. Perché in quel famoso discorso in Parlamento non volò una mosca, naturalmente erano d'accordo e concordi nel riconoscere e dire che il sistema del finanziamento presentava delle criticità e che certamente c'erano stati degli illeciti. Qui però vorrei fare una precisione. Nella vulgata 'i partiti rubavano' c'è un malinteso di fondo che riguarda la declinazione dei reati. Perché certamente in quella stagione in Italia c'è stata un'intensa attività di finanziamento illecito. Cioè, i partiti avevano bisogno di talmente tanti soldi che non bastava il canale legale del finanziamento e si utilizzavano degli altri canali per poter reperire fondi utili alla campagna elettorale, al pagamento dei funzionali, ecc. Ma questo non vuol dire che i leader dei partiti rubassero per loro stessi. Cioè, qui si scambia il finanziamento illecito dei partiti che infatti ad un certo punto alcuni leader hanno provato a depenalizzare ma trovando in Scalfaro, uomo che ha impedito la ratifica di questo decreto, che non ha proprio controfirmato il decreto Conso, che avrebbe derubricato l'illecito amministrativo del finanziamento illecito ai partiti. Si scambia il finanziamento illecito dei partiti in corruzione o concussione riconducibile al desiderio del singolo leader di guadagnare dei soldi. Quindisistema e persona, bisogna fare ordine in questo aspetto, primo. Secondo, Craxi appunto per questa sua scelta di affrontare la realtà, di non piegarsi alle mode, allo storytelling pagò un prezzo altissimo. Divenne il simbolo delle malversazioni dei partiti, del fatto che i partiti chiedevano sempre più soldi, questo è indubbio, oggettivo, evidente. Ma lui è come se fosse il capro espiatorio, il simbolo di un sistema e per questo pagò un prezzo altissimo. Io vi invito a leggere le prime pagine dei giornali di tutta la stampa nazionale dell'epoca. Alcuni direttori fecero anche autocritica, come Paolo Mieli. Alcuni mandavano dei fax a favore di Di Pietro, sembrava fosse il giustiziere, il pool di mani pulite sembrava un gruppo chiamato a fare giustizia alle malversazioni. Questa è stata una botta tremenda perché ha creato quel corto circuito tale perché le persone si sono completamente disinnamorate della politica e questo poi ha creato al crollo dei partiti, la cosa più grave e più seria. Il fatto che vengano meno dei corpi intermedi non è mai un bene per la politica per le tensioni che ci possono essere. Per me l'Italia è stata un laboratorio che ha anticipato ciò che in alcune realtà sta accadendo. Guardate la Francia, lì mancano proprio i corpi intermedi, manca anche un grande partito socialista, un partito dei lavoratori che possa mediare tra queste situazioni che possono accadere. Ogni Paese ovviamente è a sé stante, non si possono fare delle semplificazioni però le tensioni sono molto spesso il risultato della mancanza della politica, della mediazione della buona politica. In democrazia la buona politica la possono fare solo dei partiti solidi; quindi, dei partiti che effettivamente ti intercettano dei valori, e senza partiti una democrazia ha delle difficoltà.

L'indagine inizia a dare i suoi frutti e le dichiarazioni di Mario Chiesa si rivelano vitali per l'arresto di imprenditori, importanti politici e dirigenti vari che confessano anche loro.
"È crollato il muro dell'Omertà" titola l'Unità il 25 aprile 1992, proprio nel giorno in cui il Presidente della Repubblica Francesco Cossiga annuncia a reti unificate le sue dimissioni, che firmerà poi il 28 aprile. "Tangenti, la resa dei conti", è titolo del Corriere della Sera del 4 maggio, si inizia a muovere tra la popolazione il malcontento contro le istituzioni, a Milano sui muri scrivono: "Grazie Di Pietro, Colombo vai fino in fondo". Si sbilancia persino "TV sorrisi e canzoni" con un titolo abbastanza eloquente: "Di Pietro facci sognare". Tutti i grandi giornali e i suoi direttori sostengono l'inchiesta e i loro

144

protagonisti, sino ad arrivare al punto di concordare titoli, articoli e la linea editoriale.

Il metodo del pool è asfissiante, non si esce dal carcere finché non si confessa. Alcuni resistono, altri (molti) non resistono e confessano, oppure, si suicidano. Sono 41 le persone che si toglieranno la vita durante l'inchiesta. La maggior parte di loro per sfuggire al carcere. Il 2 settembre 1992 il deputato Sergio Moroni del PSI si toglie la vita dopo aver ricevuto 3 avvisi di garanzia per una serie di tangenti. Moroni, prima di suicidarsi, scrive una lettera al presidente della Camera Giorgio Napolitano nella quale apostrofa come "ipocriti, violenti e sciacalli" i membri del pool di Milano. L'ultima frase di questa lettera è da brividi: "Ma quando la parola è flebile, non resta che il gesto".

Dopo la morte vengono subito intercettate le dichiarazioni di Bettino Craxi: "hanno creato un clima infame". È qui che forse la politica inizia a pensare ad una risposta all'indagine di DiPietro & Co. Arriva il 1993, il ministro di giustizia non è più il braccio destro di Bettino Craxi, Claudio Martelli, anch'egli coinvolto in tangentopoli, ma è l'ex giudice della Corte costituzionale, l'allora settantunenne Giovanni Conso. L'ex presidente della Corte costituzionale e vicepresidente del Consiglio Superiore di Magistratura, ha il compito di varare una legge che depenalizzi il finanziamento illecito ai partiti. Il decreto, in sostanza: "la depenalizzazione dei reati di finanziamento pubblico ai partiti e istituiva un'autorità di vigilanza sottraendo l'autorità alla giustizia". Il 5 marzo, il Corriere titolò "Soluzione politica, arriva l'intesa", il tutto il giorno dopo l'arresto in parlamento con le manette ai polsi del deputato della DC Enzo Carra. La particolarità di questo arresto fu non solo il fatto che fu fatto direttamente in aula e fu trasportato con le manette ai polsi, ma che fu mostrato per intero in televisione: il Tg5 fu l'unico a mostrare il volto dell'imputato, cosa che non fecero i telegiornali della Rai e il Tg4.

Il decreto Conso, del 5 marzo 1993, è noto come "il colpo di spugna" della politica, l'opinione pubblica però non ci sta e insorge, interviene con queste dichiarazioni il capo del pool di Milano, Francesco Saverio Borrelli: "Abbiamo appreso che la cosiddetta soluzione politica sarebbe stata giustificata sulla base delle nostre dichiarazioni. Come magistrati abbiamo il dovere inderogabile di applicare le leggi dello Stato quali esse siano. Non consentiamo però a nessuno di presentarecome da noi richieste, volute o approvate, le iniziative in questione. Governo e Parlamento sono sovrani, ci auguriamo che ciascuno si assuma davanti al popolo italiano le responsabilità politiche delle proprie scelte". Vista la situazione di tensione che si stava venendo a creare, il capo dello stato Oscar Luigi Scalfaro non firma il decreto, che viene ritirato. Il governo Amato cadrà poi il mese successivo dopo il voto sugli otto referendum abrogativi. Scalfaro incarica l'ex presidente della Banca d'Italia Carlo Azeglio Ciampi di formare il primo governo guidato da non parlamentare nella storia della repubblica italiana. Come titolò "ilGiornale" il 20 aprile 1993: "nasce la seconda Repubblica". La cosiddetta "Seconda Repubblica" parte il 29 aprile 1993 quando giura il governo Ciampi e la Camera respinge quattro delle sei autorizzazioni a procedere per corruzione e ricettazione nei confronti del segretario del PSI Bettino Craxi. Inoltre, la sera del 29 aprile, vengono ritirati dal nuovo governo i 3 ministri del PDS e il Verde Rutelli: "la camera salva Craxi, Ciampi vacilla" (Corriere della Sera, 30 aprile 1993). Sul voto della camera, si espresse anche Silvio Berlusconi al "processo del lunedì":" sono contento che ci sia stato questo voto da parte della Camera, perché sono da sempre amico ed estimatore dell'onorevole Craxi". Il 30 aprile nel paese succede di tutto, e la sera, davanti l'Hotel Rafael di Roma, Craxi decise di "affrontare" la folla riunitasi lì davanti e che gli lanciava monetine, accendini, sassi, vetro e gli urlava "Bettino vuoi pure queste?". È la fine della vita politica del due volte presidente del consiglio. La narrazione di questo episodio la dobbiamo a due emittenti in particolare: il Tg3 e il Tg4; altrimenti, non si saprebbe nulla di quell'episodio, soprattutto perché nei giornali non comparve niente nelle prime pagine del giorno successivo. Il 4 agosto 1993 la Camera darà poi l'autorizzazione a procedere nei confronti dell'ex presidente del Consiglio e segretario del PSI, Bettino Craxi e viene approvata la nuova legge elettorale, la legge Mattarella (Sergio Mattarella, attuale Presidente della Repubblica), che introduce il sistema uninominale maggioritario: "Addio alla Prima Repubblica" (Corriere della Sera, 5 agosto 1993).

Da lì a pochi mesi, sarebbe iniziato anche il processo centrale di Mani Pulite: il processo Enimont-Cusani. L'unico imputato è Sergio Cusani, già uomo di fiducia di Gardini, Sama e Craxi, accusato di essere colui che ha organizzato e distribuito le tangenti in ordine alla vicenda Enimont, la joint venture tra Eni e la Montedison. Viene accettata la richiesta di un processo veloce e rapido con al centro l'unico imputato protagonista di esso: Sergio Cusani. Gli altri imputati sono solo dei testimoni per reati connessi ad esso. Sulle vicende del processo Cusani e le connessioni e l'impatto forte che ha avuto nell'opinione pubblica, abbiamo chiesto al giornalista e scrittore Antonio Capraricase fosse giusto affermare che nel processo Cusani si ha avuto la politica contro l'opinione pubblica e i media.

Fino ad un certo punto, diciamo che si è visto la rivendicazione, di una parte della politica, di un elemento di verità che c'è: il costo della politica. Tangentopoli purtroppo ha alimentato l'idea che la politica dovesse o potesse essere a costo zero. Non è vero: i partiti, le formazioni democratiche che costruiscono il consenso hanno un costo, e quindi il problema che devono porsi, non solo in Italia, e se lo sono posto, ad esempio in UK e FRA, è come finanziare la politica in modo trasparente, poi sta alla politica mantenere questo o scegliere percorsi o strade molto più oblique o oscure. Dopo Tangentopoli, in realtà il mondo è cambiato, la comunicazione ha giocato dappertutto nelle società Occidentali un ruolo da primatista, molto più di prima e soprattutto la comunicazione politica, prima dei social media, era ingessata è diventata una comunicazione populista, vale a dire: temi trattati con l'accetta e indicazioni sbrigative e grossolane di chi promette tutto pur sapendo che non è in grado di mantenerlo.

A proposito degli effetti del rapporto tra gli eventi di Milano e quelli in Sicilia, sempre nel 1992, il presidente dell'Anpi Cervia e dell'associazione Menocchio Alessandro Forni ci ha dato una sua lettura.

Falcone e Borsellino, sono stati uccisi nel '92, uno in maggio, l'altro in luglio e a febbraio esplose il caso Chiesa, Tangentopoli a Milano. Questo per me bisogna leggerlo come un legame tra l'effetto Tangentopoli-Milano e mafia in Sicilia. Perché, se le due inchieste si fossero collegate, con le conoscenze che avevano Falcone e Borsellino, altro che Tangentopoli, Colombo, Davigo e Borelli. Perché la testa non è a Palermo, è a Milano. La finanza è a Milano. Non per niente che Sindona, siciliano, è andato a Milano, non per niente Cuccia, siciliano, era a Milano, Ligresti, siciliano, Milano. Non per niente anche Leggio dalla Sicilia andò a Milano. Quindi è Milano la vera centrale delle mafie in Italia, non è Castelvetrano o Corleone. Quelle per me sono leggende che ci mettono in giro perché sono più chiare, sono più leggibili a noi, al popolo. Dell'Utri? Lui addirittura ha fondato Fininvest, grazie a Publitalia che raccoglieva la pubblicità, ed è stato anche il fondatore di Forza Italia. Forza Italia era già in luce prima ancora che cadesse la DC. E la DC è stata volutamente distrutta perché dà fastidio un partito come la DC. Perché la DC nell'ambito della guerra fredda si è ritagliata una sua autonomia nella politica internazionale. Basta pensare alla politica di Moro, di Andreotti, rivolta ai paesi arabi. Basta pensare al rapporto che avevamo con la Libia.

Gheddafi l'avevamo sostenuto noi. Il colpo di Stato di Gheddafi che fece in Libia si dice che l'abbiamo finanziato noi fregando gli inglesi e francesi e gli inglesi e i francesi poi se la sono legata al dito. Gli americani su questi dispetti che ci facevamo noi, tra Italia, inglesi e francesi chiudevano un occhio. Ma dopo l'89 non chiude più un occhio, dopo il crollo dell'Unione Sovietica, perché non ha più bisogno dell'Italia. L'Italia non è più il primo fronte verso l'Est. Diventa una provincia come un'altra. Anzi, ha più interesse nei territori ex sovietici, cioè l'Ungheria, la Polonia, quelli diventano strategici per l'America, non più l'Italia, la Germania. Il potere politico della DC, inoltre, ha cominciato a venir meno dal rapimento e dal successivo assassinio di Aldo Moro. Infatti, dopo pochi anni, il Presidente del Consiglio diventò Spadolini, e poi fu Craxi e poi ci fu quel legame del CAF in cui c'erano un po' tutti. Tangentopoli è stata scientificamente voluta in quel momento perché ci sono stati degli scandali ben più gravi in passato.

Nel marzo 1993, poco dopo le vicende del decreto Conso, fu reso pubblico uno scandalo per 500 miliardi di fondi neri riguardante l'Eni. A gestire questo giro di affari era, tra i tanti, Pierfrancesco Pacini Battaglia, che si costituirà poi l'11 marzo 1993, svelando a Di Pietro l'organizzazione e la gestione di tali depositi segreti dell'Eni. Iniziano a dimettersi anche i segretari di alcuni dei principali partiti politici italiani: Bettino Craxi si dimette da segretario del PSI l'11 febbraio 1993; Altissimo, del Partito Liberale Italiano, si dimette il 16 marzo dopo aver ricevuto un avviso di garanzia dalla procura il giorno prima. Il 9 marzo viene arrestato Gabriele Cagliari, ex presidente dell'ENI.

Il 23 giugno 1993, l'imprenditore Raul Gardini scrive una lettera su "ilSole24ore", che sa tanto di testamento, in cui Gardini ripercorre quella che è stata la vicenda Enimont: "...continuo a pensare che l'idea di dare vita a un grande gruppo chimico italiano fosse un disegno strategico giusto. Il cui fallimento deve essere imputato alla volontà di non mollare la presa sul settore da parte delle forze politiche di allora, oltre che alla mia personale intransigenza, di cui però non mi rammarico". Il 13 luglio viene arrestato Giuseppe Garofano e Ligresti dichiara a Di Pietro che ha trattato personalmente l'accordo Eni-Sai con Cagliari e Craxi, questo rimette sotto interrogatorio Gabriele Cagliari che confessa di aver parlato con Craxi di questa operazione. Il 16 luglio fu un giorno di interrogatori per il pool di Milano: Cagliari, che disse che anche la DC, oltre al PSI, riceveva delle tangenti da Montedison e Ferranti, il quale disse che Cagliari stava mentendo e stava inquinando le prove. Il 20 luglio 1993, nel carcere di Milano, proprio Gabriele Cagliari, fu ritrovato morto in carcere, dove era recluso da 134 giorni. Si sarebbe ucciso soffocandosi con un sacco di plastica legato al collo tramite un laccio di scarpe. Fu poi ritrovata una lettera in cui Cagliari accusò duramente i magistrati: "Secondo questi magistrati, a ognuno di noi deve dunque essere precluso ogni futuro e quindi la vita, anche in quello che loro chiamano il nostro "ambiente". [...] Stanno distruggendo le basi di fondo e la stessa cultura del

151

diritto, stanno percorrendo irrevocabilmente la strada che porta al loro Stato autoritario, al loro regime della totale asocialità, ed io non ci voglio essere".

Pochi giorni dopo, il 23 luglio 1993, un mese dopo la lettera scritta su "ilSole24ore", muore a Milano Raul Gardini. La Repubblica titola in prima pagina:" Sangue sul regime". "Il Resto del Carlino" invece scrive "Il suicidio di Gardini e l'arresto di Sama. Una giornata sconvolgente dopo le accuse di Garofano". La rivista americana "Time" dedica a Gardini un tributo: "Egli sarà ricordato come un brillante simbolo del suo tempo, un capo di industria e marinaio di livello mondiale. Ha lavorato duro per 60 anni allo scopo di coltivare questa immagine, un mondo dove i miti contano più dei fatti".

Lo stesso giorno della morte dell'imprenditore romagnolo, viene arrestato a Milano un finanziere collaboratore di Gardini. Il suo nome era Sergio Cusani, napoletano, classe 1949, suo padre era un ricco imprenditore nel settore dei metalli. Si trasferì a Milano per gli studi e si inserì nell'ambiente della finanza del capoluogo lombardo. Qui conobbe Aldo Ravelli, un amico di suo padre che stravedeva per Sergio. Lavorò a Milano con Ravelli per circa dieci anni, prima di trasferirsi nell'ufficio di Serafino Ferruzzi prima, poi di Raul Gardini e infine di Carlo Sama. Cusani viene arrestato per i fatti riguardanti la tangente ENIMONT: Raul Gardini avrebbe versato ed intascato una maxitangente di 150mld di lire per finanziare i partiti in maniera illegale, per favorire la vendita della stessa ENIMONT in seguito al

152

fallimento della joint venture tra Eni e Montedison nel 1988. Si scoprì che circa i due terzi di quei soldi passarono per conti detenuti presso lo IOR versati sotto forma di titoli di Stato. Nell'acquisto delle azioni Enimont, lo stato avrebbe pagato mille miliardi in più del dovuto. L'intermediario di tutto questo era proprio Sergio Cusani. Innumerevoli furono anche i politici coinvolti e che furono chiamati a testimoniare poi nel processo che vedremo in seguito. Cusani chiese e ottenne dalla procura di Milano di essere giudicato subito e di non essere giudicato per i fatti ENIMONT. Il 28 ottobre 1993 inizia così il processo a Sergio Cusani.

Con le riprese del processo Cusani, tutti vengono a sapere dell'indagine del pool di Milano e tutti iniziano a seguirla con interesse, quasi come fosse un documentario, una fiction o una serie tv. La trasmissione del processo in televisione ha posto la politica in una realtà diversa dal solito: quella del tribunale. In tribunale, il politico non può rispondere alle domande come magari in una intervista, non può concordare le domande dei giudici e, soprattutto, non può dimostrare di che stoffa e carattere è fatto; inoltre, visto l'elevato numero di telespettatori, le azioni di accusa e difesa si sono orientate nello spiegare le loro posizioni ad un pubblico il più ampio e vasto possibile.

L'esempio lampante di questo sono le parole e i toni di Di Pietro usati durante i suoi interrogatori e arringhe. Il processo a livello giornalistico diventa quasi più un racconto di quella che è stata la giornata in aula e la sua rappresentazione televisiva, con riferimento al come veniva vissuto dall'opinione pubblica. Il magistrato affonda i politici con domande mirate in ogni interrogatorio, ad esempio ad alcuni (De Michelis, Vizzini, LaMalfa e Altissimo) ha chiesto quanti e quali avvisi di garanzia avessero già ricevuto, quasi per mettere in imbarazzo l'imputato e per mettere in dubbio la sua onestà. In altri casi, ha usato l'ironia e il sarcasmo per contrastare il comportamento del politico, come durante l'interrogatorio di Arnaldo Forlani. Ad incaricarsi delle riprese televisive sono state le telecamere di Rai3 all'interno del programma "Un giorno in pretura" che registra in questo periodo il suo picco di ascolti arrivando anche a circa otto milioni di telespettatori e uno share record per le trasmissioni televisive di allora. Le registrazioni sono state trasmesse in differita a partire dal 20 dicembre 1993 dalle 20.30 alle 22.30 con il commento della giornalista e conduttrice Roberta Petrelluzzi prima di ogni processo. Un'altra delle caratteristiche di questa udienza è che, nonostante le immagini siano state trasmesse in differita di qualche giorno e le dichiarazioni dei politici a processo erano riportate dai quotidiani e dai telegiornali, l'effetto diretta non veniva comunque a perdersi. Secondo Sandra Cavicchioli è perché "la situazione era irripetibile" e "la televisione ci mette a disposizione un maggior numero di parametri percettivi e quindi ci consente una partecipazione più completa, passionale e cognitivamente meno attenta". Quindi, in conclusione,è grazie alla televisione di quel periodo, non solo se le persone sono venute a conoscenza del fatto a livello nazionale ma anche se l'opinione pubblica ha potuto dibatterne, sentendosi quasi parte attiva di questo processo, come se il telespettatore fosse un magistrato anche lui. Il compito del giornalismo televisivo è stato quello di raccogliere questa esigenza dell'opinione pubblica, quella di sentirsi parte attiva di questo processo, e lo ha reso un problema politico, non solo giudiziario. Questo è il motivo per il quale all'inizio il processo Cusani è stato così importante, infatti, nel prossimo paragrafo spiegheremo proprio questo contrasto tra politica e giornalisti e di come anche l'informazione non solo ha cambiato il suo modo di comunicare ma anche di come ha influenzato la comunicazione dei magistrati, dei politici e dell'opinione pubblica, soprattutto nel caso degli interrogatori.

Il Processo Cusani entra nel vivo alla fine del 1993, l'interessamento delle televisioni e quotidiani: circa ogni ora, ogni rete televisiva dava la parola al suo corrispondente al Palazzo di Giustizia di Milano, dove i magistrati, intanto, lavoravano e inviavano centinaia di avvisi di comparizione a processo. La lista degli indagati è lunghissima: Renato Altissimo (ex segretario del PLI), Umberto Bossi (leader della Lega Nord), Gianni De Michelis (PSI, ex vicepresidente del consiglio e ministro degli esteri), Arnaldo Forlani (ex segretario DC e presidente del consiglio dall'ottobre 1980 al giugno 1981), Paolo Cirino Pomicino (DC ed ex ministro del Tesoro dal 1989 al 1992), Giorgio LaMalfa (segretario del PRI), Claudio Martelli

(PSI, ex vice presidente del consiglio e ministro della giustizia), Carlo Vizzini (ex segretario del PSDI e più volte ministro), Primo Greganti ("il cassiere" del PCI prima e PDS poi), Carlo Sama (imprenditore, marito della figlia di Serafino Ferruzzi e dal 1993 a capo del gruppo Ferruzzi), Bettino Craxi (PSI e Presidente del Consiglio dal 1983 al 1987), Sergio Cusani e tanti altri. Il 29 ottobre 1993, il Corriere della Sera li definisce "Onorevoli senza l'immunità". Facciamo, però, un piccolo passo indietro, andiamo a martedì 15 dicembre 1992 alle 13.05 quando l'Ansa rende nota la notizia dell'avviso di garanzia nei confronti di Bettino Craxi: "Tangenti a Milano: informazione di garanzia a Bettino Craxi. Secondo quanto si apprende dal palazzo di giustizia di Milano, un'informazione di garanzia è stata emessa dalla procura per l'ex presidente del consiglio". Secondo le indiscrezioni dell'Ansa, Craxi veniva indagato per corruzione, ricettazione e violazione della legge sul finanziamento pubblico dei partiti. La notizia il giorno dopo è su tutti i giornali ed è commentata da tutti i direttori dei principali giornali italiani: da Paolo Mieli e il suo "Craxi ha perso la sua partita a prescindere da quella che sarà la sentenza dei giudici" a Scalfari che ha definito l'avviso di garanzia a Craxi "una questione morale gravissima, cancerosa" e ha applaudito ai giudici della procura di Milano; Ezio Mauro su "La Stampa" commenta: "Craxi ha giocato con gli stivali". Su "Il Manifesto" si chiede lo scioglimento immediato delle camere, altrimenti "vorrebbe dire che saremo in dittatura pura e semplice".

Poco più di un anno dopo, il 17 dicembre 1993, Bettino Craxi rilascia le sue dichiarazioni al processo Cusani, dichiarazioni che sanno di confessione davanti a tutta l'aula di tribunale, i magistrati e i giudici, e poi in seguito, anche milioni di telespettatori: "Sono sempre stato al corrente della natura non regolare dei finanziamenti ai partiti e al mio partito. L'ho cominciato a capire quando portavo i pantaloni alla zuava [...]. In Italia, il sistema di finanziamento ai partiti e alle attività politiche in generale contiene delle irregolarità e delle illegalità, io credo, a partire dall'inizio della storia repubblicana. [...] Non tutto, una parte del finanziamento era irregolare, e non lo vedeva solo chi non lo voleva vedere e non ne era consapevole solo chi girava la testa dall'altra parte. I partiti erano tenuti ad avere dei bilanci in parlamento, i bilanci erano sistematicamente dei bilanci falsi, tutti lo sapevano, ivi compreso chi avrebbe dovuto esercitare funzioni di controllo...". Questa è la prima dichiarazione di Craxi al processo Cusani, trasmesso in differita poi su Rai3 il 28 gennaio 1994 (2 giorni dopo 'La discesa in campo' di Berlusconi). Di questo interrogatorio, è importante notare un Di Pietro diverso dal solito, quasi complice e succube di Craxi. I giornali del 18 dicembre 1993, infatti, affrontano proprio questo tema, quello di un trattamento quasi di favore nei confronti del principale accusato dell'indagine Mani Pulite.

Secondo Sandra Cavicchioli nel libro "Rituali di degradazione: anatomia del processo Cusani", nell'interazione Craxi-Di Pietro, al primo è concesso di gestire i contesti di riferimento e di chiarire: "Ad una domanda precisa risponde allontanandosi dai limiti posti dalla richiesta e ridefinendo il contesto di riferimento". Grazie a questo, Craxi esce dall'interrogatorio tutto sommato a testa alta. Inoltre, il clima in aula in quel momento era di attenzione, in silenzio e verso la fine ci si è lasciati scappare anche a qualche battuta per spezzare la tensione. Tutto questo era dovuto al fatto che Craxi, a differenza di altri, ha sempre confessato, non solo quel giorno, e anche al processo Cusani è venuto per riconoscere le sue colpe, e ha sempre "sposato" questa che è una linea difensiva, sin dal 3 luglio 1992 e il suo discorso in parlamento. Per Di Pietro, Craxi è funzionale perché rappresenta sia l'accusato che l'accusatore. L'ex presidente del Consiglio, quindi, incontra le aspettative del magistrato. La tattica di Craxi durante l'interrogatorio è chiara e si basa su 5 punti comunicativi, continua Cavicchioli: "1) ciò che mi viene addebitato si fa da sempre; 2) tutti lo fanno; 3) l'unico ad ammetterlo sono io; 4) sono l'unico sincero; 5) mi si deve credere quando nego un addebito o la conoscenza di un fatto specifico. Craxi, in questo interrogatorio, è stato molto abile ad usare una serie di tattiche a livello discorsivo che tendono ad 'oggettivare' il suo discorso, attenuare il suo ruolo e rafforzare quindi la sua credibilità".

Cusani, d'altro canto, invece, si rifiuta di scendere a patti con la procura, sviluppando sin da subito un'avversione alle domande e all'interrogatorio di Di Pietro e rappresentando di più quella pancia del popolo che ancora non si fidava di Di Pietro e la magistratura (soprattutto imprenditori o persone nel mondo della finanza o economia). Egli vuole "la libertà, la tutela e la conservazione della propria identità passata". In comune con Craxi, egli ha anche l'opposizione a quelle che erano le 'mode' dettate dall'opinione pubblica, ma, rispetto all'ex presidente, egli si difende affermando i propri diritti e le proprie libertà, creando polemica e ricercando il patteggiamento. Cusani, in questo senso, sfida la giustizia e i suoi ideali. Fedele a sé stesso, ai suoi principi e anche verso i suoi vecchi compagni di affari, forse per ricattarli. Cavicchioli descrive la testimonianza di Cusani come "una strategia del silenzio", in cui il silenzio è una forma di comunicazione. Il suo silenzio è "autentico, in cui le parole sono usurate e servono solo a qualche scopo mondano, a finalità comunicative di basso profilo, usate unicamente per scagionarsi tramite il patteggiamento". Cusani riconosce sì di aver eseguito azioni illegali, d'altra parte però non rivelando i nomi non intende rinnegare i rapporti avuti coi suoi mandanti. L'imputato, secondo Cavicchioli, è sia soggetto giuridico che soggetto privato. Il processo gli chiede di rinnegare il secondo soggetto a vantaggio del primo, cosa che Cusani però non fa e non vuole fare. La sua strategia, infine, è chiara ed è quella di spostare l'asse difensivo dall'oggetto al soggetto; quindi, dalla realizzazione a chi ha realizzato. Il suo silenzio è da interpretare come soggetto che non vuole far sapere. Come soggetto a cui dovremmo credere proprio perché non parla, in poche parole: "una verità enunciazionale".

La deposizione 'simbolo' del processo Cusani e quella più interessante dal punto di vista dell'informazione è quella dell'ex segretario DC e presidente del consiglio nel 1980 e 1981, Arnaldo Forlani. In questo caso, differentemente da Craxi, Di Pietro e la magistratura si 'scagliano' contro l'ex democristiano. L'interrogatorio di Forlani è andato in onda su Rai3 il 24 gennaio 1994, ma è avvenuto la mattina del 17 dicembre 1993, poco prima dell'interrogatorio di Craxi. Forlani si presenta alla sbarra un po' confuso e senza una ben delineata strategia. La sua idea è banalmente quella di essere il meno collaborativo possibile e negare tutto. Al punto da negare di sapere qualcosa sull'irregolarità del finanziamento ai partiti, venendo poi smentito da Craxi nello stesso pomeriggio. Si nota come la magistratura, spesso debba sollecitare una risposta più specifica alla domanda precedente, scatenando anche l'irritazione da parte non solo dell'imputato stesso ma anche dei giudici, come per la definizione dell'area politica di Cagliari e Sernia, una domanda che secondo l'avvocato Spezzali era di semplice risposta, che però ha innescato una "sequenza conversazionale chiaramente non cooperativa". Forlani appare nervoso, con la bava alla bocca. Le domande di Di Pietro lo incalzano a rispondere spesso usando la 'doppia domanda' così da creare una sorta di interrogatorio conversazionale. In realtà, l'ex segretario democristiano è conscio del fatto di essere quasi accusato personalmente e che le domande di Di Pietro servono appunto a minare la moralità del politico. Forlani cerca di cautelarsi rispondendo, quelle poche volte, in modo da scaricare le responsabilità su altri, come il caso della domanda su chi fosse il segretario amministrativo durante la segreteria DC di Forlani, l'ex presidente del Consiglio democristiano risponde chiaramente e dicendo inoltre che il senatore Citaristi era il tesoriere anche nelle precedenti segreterie, non solo su quella Forlani. Un interrogatorio pieno di "non so", "non mi ricordo", che lascia più di dubbi che certezze. Forlani "si salva" almeno sui principali giornali italiani, in quanto è Craxi il più accusato il giorno dopo dall'opinione pubblica, soprattutto perché il socialista ha praticamente confessato e già questo rende automaticamente interessanti le sue dichiarazioni. Forlani è in pagina 4 del Corriere della Sera del 18 dicembre 1993 ("Forlani cade dalle nuvole: non saprei"), solo una paginetta a dispetto delle 4 dedicate a Craxi. Anche "La Repubblica" accusa più il socialista e le sue dichiarazioni contro il sistema e l'ex PCI ora PDS, e dedica a Forlani, sempre in pagina quattro un titolo abbastanza eloquente che ben riassume l'interrogatorio di Forlani "Tangenti? Cosa sono?".

Tutti e tre gli interrogatori appena descritti rappresentano a loro modo tre modi diversi di rispondere ad un interrogatorio: Craxi confessa e collabora, Cusani non parla, Forlani risponde ma senza rispondere.

Per Sergio Cusani la condanna viene emessa il 28 aprile 1994, in un periodo ben diverso da quando è iniziato il processo e in un periodo post elezioni e si va verso il nuovo governo, che sarà poi dall'11 maggio il governo Berlusconi. Cusani in primo grado viene condannato a 8 anni di reclusione, nel 1997 diventeranno poi 6 anni e in definitiva, in cassazione, il 21 gennaio 1998 viene condannato a 5 anni e 10 mesi.

Le sentenze di primo grado per gli accusati (tranne Cusani) avvennero il 27 ottobre 1995: Giuseppe Garofano (ex presidente Enimont): 4 anni e 8 mesi; Carlo Sama: 4 anni e 8 mesi; Craxi: 4 anni; Mauro Giallombardo (ex tesoriere del PSI): 3 anni e 6 mesi; Severino Citaristi (ex tesoriere DC): 3 anni; Arnaldo Forlani: 2 anni e 4 mesi; Paolo Cirino Pomicino (DC): 2 anni e 6 mesi. Romano Venturi (ex dirigente Montedison): 1 anno e 10 mesi; Alberto Grotti (ex vicepresidente ENI): 1 anno e 4 mesi; Claudio Martelli (PSI): 1 anno; Renato Altissimo (ex segretario PLI): 8 mesi. Umberto Bossi: 8 mesi. Alessandro Patelli (ex tesoriere Lega Lombarda): 8 mesi. Paolo Pillitieri (PSI): 7 mesi. Gianni De Michelis (PSI): 6 mesi; Giorgio La Malfa (ex segretario PRI) 6 mesi; Egidio Sterpa (ex deputato PLI): 6 mesi; Michele Viscardi (DC): 6 mesi; Filippo Fiandrotti (PSI) 4 mesi. Vizzini (PSDI) viene condannato a 10 mesi il 21 febbraio 1996, reato che sarà poi prescritto in appello.

In secondo grado (sentenza d'appello), il 7 giugno 1997, vengono confermate le condanne inflitte a Forlani, Citaristi, Venturi, Grotti, Altissimo, Bossi, Patelli, De Michelis, La Malfa,

Viscardi, Sterpa e Fiandrotti. Viene assolto Pillitteri. Bisignani (2 anni e mezzo), Garofano (3 anni e 2 mesi), Sama (3 anni e 2 mesi) e Giallombardo (2 anni e 2 mesi) patteggiano. Paolo Cirino Pomicino vede ridotta la sua condanna a 1 anno e 8 mesi. Il 12 luglio anche Craxi, Martelli, D'Adamo e Viscardi vedono confermate le loro pene.

La sentenza di cassazione, terzo grado, avviene il 13 giugno 1998 (per Cusani avvenne il 21 gennaio): Forlani a 2 anni e 4 mesi; Citaristi, Garofano e Sama furono condannati a 3 anni; Bisignani condannato a 2 anni e 6 mesi; Venturi a 1 anno e 8 mesi; Grotti a 1 anno e 4 mesi; Altissimo, Bossi e Patelli a 8 mesi; Giorgio La Malfa e Sterpa a 6 mesi. Il 10 luglio 1998 viene confermata ad 1 anno e 8 mesi la pena a Paolo Cirino Pomicino.

Per Craxi (e Martelli) si rifece il processo d'appello e fu condannato a 3 anni nel 1999, ma morì ad Hammamet (Tunisia) il 19 gennaio 2000, facendo cadere il reato per decesso dell'imputato. Martelli fu condannato il 21 marzo 2000 ad 8 mesi.

Sulle condanne, più o meno dure, essendo le sentenze definitive arrivate dopo circa cinque anni dall'inizio del processo e per Craxi e Martelli addirittura nel nuovo millennio, è interessante notare come sia la stampa, le televisioni, la politica, non abbiano aperto nessun dibattito sulle sanzioni del processo Cusani, in quanto ormai non era più di interesse pubblico, come se si stesse cercando di dimenticare quanto accaduto. La morte di Craxi nel 2000, possiamo dire che chiude definitivamente questo episodio

163

che, ad oggi, viene spesso dimenticato o mal raccontato e di cui si sa troppo poco.

In tutto questo, la cosa più importante dell'informazione fatta al processo Cusani, quindi quello che dopo trent'anni dall'inizio dell'udienza ha effetti ancora oggi, è senza dubbio l'influenza che hanno avuto i mezzi di informazione nel cambiamento radicale del sistema politico e imprenditoriale. Su questo non c'è dubbio. Negli anni '80, proprio a Milano, durante l'era della 'Milano da bere', dove all'interno dell'opinione pubblica si è diffuso sempre più un profondo malcontento nei riguardi dei politici di allora. Il frutto di questa delusione ha contribuito all'ascesa della Lega Nord, che ha raccolto "gli insoddisfatti" lombardi prima e di tutto il nord Italia poi. I motivi, però, è giusto specificare, che non sono di carattere economico (Lombardia, Veneto, Emilia-Romagna erano e forse sono ancora le regioni economicamente più stabili d'Italia), bensì l'insoddisfazione è di ordine morale, civilee dalla distanza dai cittadini della politica e del politico, figlio di ceto corrotto e arrogante, e mai impunito o impunibile. Agli occhi dell'opinione pubblica, il gruppo di persone che si è trovato in quella situazione a fare piazza pulita di questa classe politica è stato proprio il pool di Milano che, ad un certo punto della sua azione, è andato avanti grazie alla spinta popolare di cui godeva, come ricordato nei paragrafi precedenti. Il processo Cusani è la rappresentazione di questa insoddisfazione: da un lato vi sono

164

Craxi, il principale esponente politico che comunque ammette le sue colpe, e Cusani, anche lui accusato che va contro il pool di Milano e la giustizia in generale cercando di spostarsi più su questioni morali che di fatti. Di Pietro, invece, rappresenta gli insoddisfatti, quelli di cui parlavo qui di sopra. Durante quel periodo, gli scontenti hanno visto nel magistrato la figura principale che potesse battere il proprio malessere, in grado di buttare giù il sistema e riformarne uno da capo, meno corrotto, più onesto e vicino al popolo. Il processo Cusani ha confermato la colpevolezza della classe politica al potere, ha rappresentato la purificazionedal sistema precedente e ha ridefinito dinanzi all'opinione pubblica i rapporti del triangolo formato da politica, magistratura e media, dimostrando che le ultime due erano completamente indipendenti e non succubi della prima.

La storia non finisce qui. Dopo e durante l'udienza Cusani, a causa anche di quel malessere popolare descritto prima e all'influenza che hanno avuto i nuovi media, prende vita una nuova figura politica. Una figura che unisce il mondo imprenditoriale, il mondo politico e il mondo dell'informazione, ovvero quella di Silvio Berlusconi e il 'partito azienda', ovvero un partito politico governato con le logiche imprenditoriali che si fa strada verso il potere attraverso l'informazione televisiva e giornalistica. Per questo, è giusto parlare dell'inizio della carriera politica di Berlusconi. Un momento di importanza storica perché da quel momento, molti imprenditori, quindi del settore privato, hanno iniziato ad occuparsi del settore pubblico e a ricoprire anche ruoli importanti della sfera pubblica, ad esempio i tecnici che sono diventati capi di governo. La comunicazione e l'informazione sono importantissimi in questo momento, si fanno veicolo del messaggio di questi nuovi imprenditori che vogliono e chiedono sempre più un ruolo di rilievo anche nel governo, arrivando anche a gestire il paese come una vera e propria azienda.

Un modello che nasce proprio nel 1992-1993, nel pieno di Tangentopoli, dove la figura di Berlusconi emerge e sembra non solo pronta "ad occuparsi della cosa pubblica" ma è anche esente da qualsiasi indagine dei magistrati di Milano. Questa sua personalità si è venuta a creare grazie all'attività come imprenditore milanese attivo nell'edilizia, nelle televisioni private, nell'editoria e i giornali, e nel calcio come presidente del Milan. Dal 1977 è cavaliere al lavoro. È molto amico del principale obiettivo politico di "Mani Pulite", l'onorevole Craxi. Conosce anche Giulio Andreotti, impegnato dal '93 nei processi che lo vedono imputato per i più grandi misteri della Repubblica Italiana e per rapporti con la mafia. Come scritto precedentemente, Berlusconi è l'eredità di tangentopoli e del processo Cusani, e l'unione delle macroaree principali dell'indagine del pool di Milano: politica, imprenditoria, informazione. Il 29 giugno del 1993 nasce a Milano "Forza Italia! Associazione per il buon governo", tra i fondatori: Berlusconi, Dell'Utri, Tajani, Previti, Valducci e Urbani. Nel novembre del 1993, proprio nel pieno del processo Cusani e poco prima delle dichiarazioni a processo di Craxi, in occasione delle comunali di Roma tra Fini e Rutelli, Berlusconi viene intervistato a Casalecchio di Reno dalla giornalista Marisa Ostolani, a cui abbiamo chiesto le reazioni di quel momento che diede inizio alla carriera politica del Cavaliere

Quindi si pensava che Berlusconi fosse un democristiano un po' più di destra, mentre si scoprì essere un simpatizzante dell'MSI?

Sì, all'inizio i suoi interlocutori e riferimenti politici erano Mariotto Segni e Mino Martinazzoli. In realtà poi abbandonò entrambi per evidenti divisioni nella concezione di politica. Segni e Berlusconi non si capivano proprio, invece per Martinazzoli la politica era fatta di valori e scelte, mentre "il cavaliere" pensava che l'anima della politica fosse il commercio: "l'azienda Italia" e il partito su modello aziendale. Berlusconi, inoltre, avendo un impero da difendere, per scendere in politica avrebbe richiesto il ruolo di presidente unico a tutto campo: alleanza, partito e consiglio. Non avrebbe ammesso altri leader. Lui era l'unico che poteva portare avanti tutti. L'alleanza coi moderati, quindi, non può andare avanti. L'alleanza con Fini risultò vincente e anche quella con la stessa Lega Nord, attratta dal messaggio politico di Berlusconi, cioè un messaggio politico vincente. Si creò dunque questa coalizione che in cento giorni sbaragliò la concorrenza, facendo diventare Berlusconi il nuovo Presidente del Consiglio, o il nuovo re, come si definiva lui.

Quanto tangentopoli ha influito e se ha influito sulla vittoria della coalizione di Berlusconi?

Tangentopoli è stato l'elemento decisivo. Ha dimostrato il potere crescente della magistratura e quanto questo potesse bloccare progetti politici di nuovi cosiddetti imprenditori, come Berlusconi, collusi con zone molto grigie e criminali. Berlusconi era preoccupato che la magistratura potesse avere troppo potere. I rapporti poi con la magistratura di Berlusconi sono stati assai conflittuali e di odio. Per Berlusconi il giudice giusto è quello che si può manovrare. Un rapporto che ha segnato e tutt'ora segna la politica di Berlusconi. Infatti, nei suoi governi e anche in quest'ultimo la riforma della giustizia ritorna sempre in campo e Silvio cerca di imporre la sua linea ovvero una giustizia più soggetta al potere politico. L'altro punto decisivo è la disgregazione del potere di riferimento degli imprenditori che in quel momento aveva bisogno di essere ricostruito.

Secondo lei perché in quel frangente, dopo la caduta del governo Ciampi, il Presidente della Repubblica Oscar Luigi Scalfaro decide di sciogliere le camere?

Secondo me è probabile che Scalfaro decise di sciogliere le camere per tre motivi: 1) è una scelta insindacabile che il Presidente della Repubblica ha a disposizione tra i suoi poteri; 2) Scafaro, che è stato un presidente molto sensibile, sente quella che è la distanza tra il governo, la classe politica in carica e la popolazione. Bisognava fare qualcosa per colmare questa distanza (che stava aumentando) e quindi le elezioni possono portare una nuova classe in parlamento più specchio di ciò che il paese era diventato. 3)Scalfaro inoltre probabilmente pensava che la coalizione di sinistra fosse certa della vittoria. Nessuno, quindi, pensava che Berlusconi avrebbe vinto, si pensava che avrebbe raggiunto forse un 7-8%, questo ci dice la difficoltà di leggere questo fenomeno e il fatto che la vecchia classe politica era totalmente cieca nella lettura del paese e appunto non credeva alla possibilità di una vittoria costruita a tavolino da un imprenditore.

Poco dopo, nasce l'associazione nazionale dei club di Forza Italia e il 10 dicembre Silvio Berlusconi presenta il partito Forza Italia a Brugherio e pochi giorni dopo apre la sede centrale a Roma, dove vi era la ex sede del Partito Popolare Italiano di Don Sturzo, in via dell'Umiltà a Roma.

Il tempismo è perfetto: Berlusconi si prepara all'ingresso ufficiale in politica e nello stesso momento Oscar Luigi Scalfaro decide di sciogliere le camere e apre alla crisi del governo Ciampi il 13 gennaio. Si andrà ad elezioni anticipate il 27-28 marzo 1994.

"L'Italia è il paese che amo, qui ho le mie radici, i miei orizzonti, le mie speranze", inizia così "la discesa in campo" di Silvio Berlusconi il 26 gennaio 1994, all'interno di tutte le reti italiane. Il suo discorso, comunicativamente parlando, è d'impatto e curato sotto ogni minimo dettaglio. Riguardo a questo, ne abbiamo parlato sempre con la ex giornalista Marisa Ostolani, in una chiacchierata, in parte ispirata dal libro "Colpo Grosso" di Pino Corrias e Gramellini, in cui abbiamo discusso su quanto questo discorso abbia cambiato la comunicazione e la politica.

Il video di Berlusconi è di livello assolutamente alto, un prodotto dove ci hanno lavorato decine di professionisti e niente fu lasciato al caso. Il Cavaliere detta quelle che saranno le caratteristiche di Forza Italia. Anche le parole e soprattutto gesti sono state scelti e pensati con grande cura e grande studio. Addirittura, Berlusconi nella sua squadra aveva un sondaggista tra i suoi collaboratori. Egli era incaricato di fare sondaggi giornalieri su qualsiasi cosa e sulla base di essi si sceglievano gli slogan. Ha introdotto il marketing e la pubblicità al meglio nel linguaggio politico risultando estremamente vincente. Berlusconi ha iniziato a preparare il discorso del 26 gennaio 1994almeno 6 mesi prima. Secondo me dal giugno del 1993, quando il momento è drammatico: sono caduti i partiti di massa, tangentopoli, attentati. Inoltre, c'è questa nuova legge elettorale (Legge Mattarella) che impone per forza di cose una coalizione per vincere. In quel periodo paradossalmente la coalizione delle forze progressiste di sinistra era unita, vi era quindi davvero uno spauracchio comunista che potesse vincere le elezioni. Berlusconi inizia a lavorare per trovare un'alternativa. Egli esprime infatti questo concetto nella sua discesa in campo:" Io amo il mio paese e scendo in campo per difenderlo dal pericolo post-comunista".

Berlusconi si inventa anche per la prima volta la "doppia lista": nascono il "Polo delle Libertà" composto da Forza Italia, Lega Nord e CCD, che si presentava solo al centro-nord, e il "Polo del Buon Governo" composto da Forza Italia, AN e CCD, che si presentava unicamente nei seggi del centro-sud. Il "Polo delle Libertà e del Buon Governo" vincerà le elezioni politiche del

'94, ribaltando i sondaggi. Berlusconi diventerà Presidente del Consiglio a partire dall'11 maggio 1994, il suo primo governo durerà fino al 17 gennaio 1995.

No, non è un caso che il miglior imprenditore di allora a livello comunicativo sia la stessa persona ad aver preso poi il potere in Italia dopo "Mani Pulite". Berlusconi possedeva la principale rete di comunicazione privata in Italia, e in un periodo così delicato in cui il malcontento dilaga, la tv e i giornali sono proprio il mezzo a cui l'opinione pubblica fa riferimento. Inoltre, Silvio Berlusconi non è stato direttamente indagato per le vicende di Mani Pulite e ha potuto preparare quasi indisturbato la sua ascesa in politica e la campagna elettorale del 1994. Il fondatore di Finivest inoltre era molto apprezzato ed era visto come un ottimo imprenditore. Il Cavaliere, con i suoi mezzi, alimenta il malcontento, cercando di conquistare quella parte di italiani (circa il 45% nei sondaggi preelettorali) che fino al momento delle elezioni non sapevano chi votare. Un dato che, come riportato da YouTrend, "strategicamente parlando determinò nuove strategie e ampi margini di movimento". Berlusconi decide di mettere la televisione al centro: "Berlusconi, primato a suon di spot", titola Repubblica il 5 febbraio 1994. Abbiamo già citato ad esempio il "discorso di programma" del 26 gennaio 1994, a reti unificate, dove Berlusconi elenca quella che sarà la visione programmatica del suo partito. Il messaggio ha avuto una cassa di risonanza enorme andando in onda integralmente (10 minuti di girato) sulle reti

Fininvest (tranne Canale 5) mentre la Rai ne ha fatto vedere soltanto un paio di secondi. Il mass media per antonomasia, secondo la visione del quattro volte presidente del consiglio tra il 1994 e il 2011, doveva essere anche il canale di comunicazione per i suoi studiatissimi spot. Pubblicità calcolate al millimetro in termini di immagine, durata, voce e persino, ecco la grande innovazione, un inno del partito. Come ricorda sempre YouTrend, "proprio dalle reti Fininvest, arrivano le dichiarazioni di Ambra Angiolini, allora conduttrice di 'Non è la Rai', la quale su suggerimento dell'autore e regista Gianni Boncompagni, dirà che il Padreterno tiene per Berlusconi, Stalin e Satana, tengono per Occhetto". La televisione, come detto, è al centro. Ma non solo, la coalizione dell'imprenditore milanese ricorre anche ai vecchi mezzi di propaganda elettorale come i manifesti. Li utilizza in un modo diverso dal solito, al centro non c'è il partito, ma la storia del candidato. Berlusconi si afferma così nella società civile e inizia a farsi conoscere anche come politico. Avviene qui il cambio di strategia: prima bisognava far conoscere le idee del nuovo partito e della nuova coalizione e solo dopo entra in scena il candidato alla presidenza del consiglio. Si passa da un marchio 'di partito' a un brand con Berlusconi unico protagonista. Il linguaggio dei manifesti è semplice, quotidiano, pieno di metafore la gran parte calcistiche, perché si sa che in Italia il calcio funziona sempre. Grazie soprattutto a queste innovative mosse, Berlusconi è riuscito a diventare poi in così poco tempo, il Presidente del Consiglio nel 1994.

Dopo Cusani, tutto il mondo della comunicazione e della politica è cambiato e ha giocato un ruolo da protagonista in ogni società Occidentale e non solo, molto più di prima. La comunicazione politica, prima dei social media era fatta di discorsi in piazza o scritti sui giornali. Ora, invece, diventa una informazione populista, vale a dire: temi trattati poco, senza idee e con indicazioni grezze di chi promette tanto pur sapendo che non è in grado di mantenerlo. Tramite quella che è una sorta di collaborazione tra la politica e il mondo dei media, inizia quello che oggi chiamiamo "populismo". La pressione mediatica che ha avuto il caso e soprattutto il Processo Cusani ha avuto un'influenza e un impatto sulla società senza precedenti: il malcontento nei confronti delle istituzioni non è mai stato così alto e ha portato a quello che è stato il crollo dei partiti di massa e l'inizio di una nuova era in cui la tv, i giornali e tutti i mezzi di comunicazione l'hanno fatta da padroni. La politica, a causa di una esposizione televisiva sempre maggiore, "si è tutelata" cercando sempre di più figure in grado di migliorare l'immagine del politico o di migliorarne la comunicazione con i suoi elettori. Qui sta la mediatizzazione della politica di cui abbiamo accennato nei paragrafi precedenti. La comunicazione qui ha superato la politica, gli ideali partici vengono meno e viene messo in risalto il personaggio politico. Il processo Cusani è la dimostrazione dell'inizio di un cambiamento radicale nel giornalismo e nelle tv italiane, come fanno capire le immagini dell'udienza in cui si dà risalto al volto del politico a processo, non al partito. Oppure, la scelta del palinsesto in modo da dare voce all'interessamento dell'opinione pubblica. In questo periodo, inoltre, nascono quelle che si potrebbero quasi chiamare "tv di partito" (vedesi le reti Fininvest): a seconda del telegiornale che stai guardando, la storia ti viene raramente raccontata allo stesso modo e va ad indirizzo del politico favorito dal telegiornale o dal canale televisivo, un po' come si faceva negli anni '60/'70 tra i diversi giornali "affiliati" ai diversi partiti politici. In conclusione, quella a cui abbiamo assistito, durante gli anni del processo a Sergio Cusani e i fatti della tangente Enimont, è una rivoluzione del livello organizzativo dei mezzi di informazione, sia all'interno di ogni partito che in ogni giornale o tv italiana. L'esempio principe di questo cambiamento è il dibattito televisivo tra Silvio Berlusconi, leader della coalizione del 'Polo delle Libertà del Buon Governo' e il leader del Partito democratico della Sinistra e dell'alleanza dei progressisti, Achille Occhetto. È il 23 marzo 1994, nel palinsesto serale di canale 5 c'è 'Braccio di Ferro' di Enrico Mentana che manda in onda il duello tra i due politici. Questo è l'evento principale della prima campagna elettorale della seconda repubblica, sempre più improntata sul binomio 'destra o sinistra'. Berlusconi, oltre a giocare in casa, monopolizza la serata denigrando Occhetto e presentandosi come il nuovo in grado di "sconfiggere i comunisti" e lo fa preparando l'incontro per mesi. Centinaia di esperti della comunicazione televisiva sono al servizio di Berlusconi, mentre Occhetto mantiene più uno stile 'politico'. Inizia qui l'epoca della comunicazione al centro della politica e soprattutto della centralizzazione del candidato, non del partito e i suoi ideali. È anche la prima campagna elettorale in cui si fa un utilizzo massiccio dei mass media, c'è una nuova legge elettorale, due nuovi leader, uno alla sua prima esperienza politica, l'altro rappresentante dell'ex partito comunista; quindi, a giocarsi la presidenza del consiglio sono proprio le due coalizioni meno intaccate da Tangentopoli. È l'inizio di una nuova era. L'incontro viene preparato sotto ogni aspetto. Berlusconi, inoltre, ha un suo dipendente a moderare e ospitare il dibattito. Occhetto chiede e ottiene invece il regista di Mixer, Sergio Spina. Occhetto, forse, sottovaluta troppo l'evento, come testimonia l'intervista a Gianni Riotta, pubblicata sul Corriere della Sera il 23 marzo 1994: "Mi piacciono i comizi. Non considero questo dibattito decisivo". E invece lo sarà, per Berlusconi però. La schiera di giornalisti è impressionante, sono presenti: Ferruccio De Bortoli, vicedirettore del Corriere della Sera; Gad Lerner, vicedirettore de "LaStampa"; Mino Fuccillo, editorialista di "Repubblica" e altri 150 giornalisti da tutto il mondo e 30 tv italiane ed estere. Tutti e tre possono rivolgere quattro domande a testa di circa 1 minuto l'una (due rivolte ad entrambi, mentre le altre personalizzate per ciascun candidato). I temi sono stati scelti a tavolino giorni prima, si va dalla politica estera al fisco, la giustizia e il futuro. I due candidati hanno 90 secondi per rispondere ad una domanda. Il confronto termina con un breve appello al voto dei due candidati, ed è qui che forse Berlusconi vince le elezioni del 1994. Un duello all'americana. L'importanza dei media è tale che i due ci tengono anche ad apparire, non solo ad esprimere le loro idee. L'abbigliamento dei due rappresenta al meglio gli schieramenti di rappresentanza. Berlusconi costruisce la sua immagine indossando un doppiopetto blu, con una camicia azzurrina, come "Kennedy quando vinse contro Nixon", come osserva Maria Latella sul Corriere della Sera. Il Cavaliere è abbronzato, spilletta di Forza Italia appuntata sulla giacca, e si presenta piuttosto bene. Occhetto, invece, è visivamente un disastro. Completo marrone di taglio tardo-sovietico, con una cravatta marroncina. La camicia bianca sembra sbiadita, quasi giallina. Il pezzo forte di Occhetto è però il completo marrone, che assurgerà a immagine iconica e traumatica per la sinistra italiana. Sergio Spina ricorderà, poi nel 2006 su "L'Unità", come quella sera "Occhetto si presentò con quel vestito marrone tutto nuovo, che quando lo vidi mi misi le mani nei capelli". Occhetto è stanco. Berlusconi è teso. La registrazione inizia alle 19 e va in onda alle 22.30. Persino le posizioni dei candidati sono studiate al dettaglio, infatti Berlusconi siede a destra di Mentana e Occhetto a sinistra, in modo da rimandare allo schieramento che i due occupano. Parte a razzo Occhetto. Berlusconi si difende inizialmente. I due si sfidano sulla politica estera e sull'economia, qui Berlusconi guadagna punti ma li perde sulla giustizia e la politica.

Gli ascolti sono da capogiro: 9 milioni e mezzo di italiani con anche picchi ampiamente sopra i 10 milioni e con uno share pari al 61,3%. Per dare un paragone, sono all'incirca gli ascolti di una serata del 'Festival di Sanremo' e il più alto picco di ascolti mai raggiunto per una trasmissione politica. Il giorno dopo i giornali danno per vincente Occhetto, a vincere le elezioni sarà però Berlusconi. Il ruolo della televisione nella vittoria di Berlusconi forse, quindi, è stato sottovalutato dagli stessi media, in quanto possiamo dire che sì Occhetto ha vinto dal punto di vista politico, ma Berlusconi ha vinto dal punto di vista 'visivo', ed è forse questo ad aver fatto la differenza. Infatti, un sondaggio SWG rilevò i giudizi degli italiani sul confronto: il 41% indicò Berlusconi come vincitore, il 23,7% Occhetto; un dato che però non impensierì il leader del PdS. Questo dibattito ha segnato il punto di svolta di intendere e interpretare le strategie comunicative, mediatiche e di marketing politico legate alle campagne elettorali almeno per i 20 anni successivi.

La mediatizzazione del Processo Cusani è stata il preludio di quella rivoluzione che si sarebbe poi conclusa l'anno successivo, proprio nel 1994, con la discesa in campo di Silvio Berlusconi. Un cambiamento che si è aperto nel febbraio del 1992 e che si chiude, quindi, nella primavera del 1994, con al suo interno i numerosi eventi descritti precedentemente che hanno sì cambiato la storia dell'Italia ma che hanno anche cambiato il modo di intendere la politica, i giornali, i media televisivi, il marketing e l'imprenditoria del nostro paese. A rendere ancora più evidente questo cambiamento sono proprio le differenze che ci sono state tra i giornali e le televisioni, e anche tra gli stessi giornali e le stesse televisioni. I giornali, cartacei, dopo i record degli anni '80, iniziano a non essere più il riferimento dell'opinione pubblica in politica e in ciò che lì accade. Le televisioni, invece, sono in ascesa, anche loro negli anni '80 hanno vissuto un'epoca d'oro a livello di ascolti. Inoltre, proprio negli anni '80 aumentano i privati nel mercato televisivo e la loro concorrenza spaventa sempre di più la Rai. La più grande è la Mediaset di Berlusconi, la quale durante questo periodo instaura una vera e propria rivalità con la Rai. È dopo il dibattito televisivo tra Berlusconi e Occhetto che a livello mediatico, comunicativo e informativo inizia la cosiddetta "Seconda Repubblica".

Abbiamo appena raccontato gli eventi di un triennio importantissimo per la nostra Repubblica. Un periodo che rappresenta quello che è stato il cambiamento mediatico della prima metà degli anni '90, a livello puramente statistico ma anche a livello sociale e umano, e soprattutto è l'inizio di una nuova epoca sia imprenditoriale, politica, sociale e dell'informazione. Sono numeri, definizioni e differenze che descrivono un periodo. Un'evoluzione del pensiero delle persone, un cambiamento dello stile di vita e delle nuove abitudini. I giornali e le televisioni hanno aiutato a velocizzare questo cambiamento iniziato dal pool di Mani Pulite e terminato con l'ascesa al potere di Silvio Berlusconi divenuto presidente del consiglio, per la prima volta, nel maggio del 1994, e lo sarà fino al gennaio 1995. Berlusconi, quindi, è arrivato a Palazzo Chigi in modo straordinariamente veloce. Con la stessa rapidità, appariva finita anche l'ondata di entusiasmo che aveva coinvolto la campagna elettorale del 1994. La giornalista Marisa Ostolani ci ha spiegato *perché durò poco, secondo lei, il Berlusconi I e se nel 1994/1995 ci si aspettava che Berlusconi sarebbe tornato al governo, che sarebbe stato altre 3 volte presidente del consiglio e il presidente che per più tempo ha occupato Palazzo Chigi?*

Non so esattamente le ragioni e le dinamiche di questa caduta, in politica poi si sale e si scende e noi siamo spesso degli osservatori. Ricordo però che in quel momento lì, quando cadde il governo, si pensava che Silvio Berlusconi fosse praticamente morto e finito, si diceva addirittura: "ce lo siamo tolti di mezzo". In realtà, anche qui, si dimostrava quanto gli altri leader politici non fossero in grado di leggere le profonde trasformazioni che Berlusconi aveva creato nel paese anche grazie alle sue tre televisioni. Aveva radicato molto più di quanto si pensasse. Infatti, poi è tornato. Bisogna anche ricordare che Berlusconi ha subito due sconfitte contro Prodi che sono figlie del fatto che il leader di centrosinistra ha unito le forze politiche cattoliche e progressiste in un disegno coerente, non arrogante e che è riuscito a far riportare la politica ai bei tempi in cui vi erano i valori, idee e non bastavano i messaggi di marketing televisivo.

Negli anni avvenire, il grande rivale di Silvio Berlusconi, a partire dal 1996 e fino al 2006 sarà il leader dell'Ulivo prima e dell'Unione poi, Romano Prodi. L'emiliano, ex presidente dell'Iri ed ex ministro dell'industria nel governo Andreotti IV (dal novembre 1978, poco dopo il rapimento e l'uccisione di Aldo Moro) sarà presidente del Consiglio per due volte tra il 1996-1998 e il 2006-2008. Prodi sconfiggerà in campagna elettorale per due volte Berlusconi, quindi *se Prodi aveva trovato "la ricetta" per sconfiggere Berlusconi, secondo lei (Marisa Ostolani; ndr) perché non è stato ascoltato nel 2011, alla fine del Berlusconi IV, quando il momento era favorevole alla sinistra?*

Secondo me a causa del problema che ha sempre indebolito e messo in discussione la coalizione progressista anche quando il momento era favorevole, e cioè le divisioni interne. Ad esempio, il governo Prodi I è caduto per un voto a causa di Bertinotti, parte della coalizione, mentre il secondo è stato assurdo e bisognava accontentare una fetta grossa di coalizione. Purtroppo, nella sinistra progressista, quello che prevale è l'egocentrismo dei vari leader che porta a concentrare la propria opposizione tra di loro, piuttosto che concentrare le proprie risorse contro l'altra parte.

In conclusione, Berlusconi, secondo lei, è rimasto sempre lo stesso nei suoi 30 anni di politica?

Berlusconi è rimasto veramente sempre lo stesso per quanto riguarda le grandi intuizioni e le capacità comunicative. Ad esempio, quando ha deciso di entrare su TikTok, ci è entrato da nonno con 60 anni di esperienza comunicativa che esercita ancora oggi. Lui ha ancora anche la stessa voglia e determinazione di colpire ma non ha più l'età e la forza per farlo, come per la formazione di questo ultimo governo, in cui sicuramente la Meloni non si è piegata ai ricatti di Silvio Berlusconi. Questo ha fatto capire, forse anche a lui, che non è più il leone in grado di sferrare i colpi che vuole.[7]

7. Lo stragismo delle mafie

"Berlusconi è stato assolto per insufficienza di prove, formula che spesso non risolve "il problema": sentenze mai al 100% chiare e che non lo assolvono mai, lasciano sempre il dubbio che in realtà questi collegamenti ci siano stati:

---

[7] L'intervista a Marisa Ostolani è stata realizzata nel febbraio 2023, quando Silvio Berlusconi era ancora vivo. Per questo motivo i tempi verbali sono al presente e, per evitare che le dichiarazioni perdessero di significato, non abbiamo fatto alcuna modifica

elementi di vicinanza, collusione e complicità" (Marisa Ostolani)

Partiamo dalla fine. 16 gennaio 2023. La notizia del giorno è l'arresto del boss latitante Matteo Messina Denaro, ricercato da 31 anni e finalmente trovato e consegnato alla giustizia. Ciò che viene sottolineato, però, è dove l'ex boss di Cosa Nostra è stato trovato. In una clinica a Palermo, nella "sua" Sicilia, dove per decenni ha potuto fare quello che voleva. Fino al 1992, probabilmente anche dopo. Il 1992, anno spartiacque della storia italiana, è iniziato con le sentenze definitive del maxiprocesso, così rinominato per la sua lunga durata e soprattutto per la sua immensa importanza. Il maxiprocesso è stato l'inizio della fine della "vecchia" Cosa Nostra, le sentenze sono state una vera e propria mazzata per i tanti boss mafiosi che speravano in pene morbide e vantaggiose. Lo Stato, impersonificato nelle figure di Giovanni Falcone e Paolo Borsellino su tutte, ha voltato le spalle alla mafia interrompendo rapporti che andavano avanti da anni. Il pool antimafia, composto da Falcone, Borsellino e Rocco Chinnici (ucciso nel 1983 da Cosa Nostra) è la vera risposta istituzionale alla mafia, e nel 1992 il lungo e complesso lavoro di magistrati ha finalmente dato i suoi frutti. Prima di continuare riportiamo le sentenze più importanti del maxiprocesso, citando principalmente i mafiosi più potenti e rilevanti, che in quell'anno hanno capito di non essere più intoccabili come prima.

- Bagarella Leoluca (4 anni)
- Brusca Giovanni (6 anni)
- Calò Giuseppe (23 anni)
- Graviano Filippo (5 anni e 4 mesi)
- Graviano Giuseppe (5 anni e 4 mesi)
- Greco Michele (ergastolo e pagamento di 200 milioni di lire)
- Madonia Francesco (23 anni)
- Madonia Giuseppe (6 anni e 6 mesi)
- Marino Mannoia Francesco (17 anni)
- Mutolo Gaspare (14 anni)
- Provenzano Bernardo (10 anni)
- Riina Salvatore (ergastolo e pagamento di 200 milioni di lire)
- Sinagra Vincenzo (ergastolo e pagamento di 10 milioni di lire)
- Spadaro Tommaso (21 anni e 6 mesi)

Il maxiprocesso ha avuto origine nell'1986, si è suddiviso in più fasi e nel corso degli anni alcune sentenze hanno subito variazioni. Diversi mafiosi imputati non hanno ricevuto la pena perché morti durante il lungo periodo del processo. Altri mafiosi, invece, si sono visti infliggere ulteriori pene in altri processi, che accumulati tra di loro risultano alla pari di un ergastolo. Tra le varie fasi, riprendiamo l'ultima, quella decisiva, che ha sancito le sentenze definitive cogliendo di sorpresa i mafiosi, specialmente quelli più rilevanti e potenti. Perché? Perché, consapevoli di aver commesso omicidi, stragi, reati come riciclaggio, corruzione, traffico di droga, e altro ancora, si aspettavano di ricevere sanzioni morbide e inferiori rispetto a quelle ricevute nei primi appelli? Perché i mafiosi, dopo anni e anni di collaborazione e sporca amicizia con molte entità dello Stato, sia a livello nazionale che regionale (poi ci torneremo) credevano che le istituzioni avrebbero chiuso un occhio dinanzi ai crimini mafiosi e allungato la mano per rinnovare una profonda amicizia. Così, però, non è stato. La situazione in Italia era eccessivamente critica, gli effetti di Tangentopoli erano ancora sulla pelle degli italiani e della classe politica. Non si poteva più scendere a patti con la mafia. Almeno non in quel modo evidente. La mafia, in particolare il capo dei capi Totò Riina, ha avanzato delle insolite richieste allo Stato, contenute nel cosiddetto "papello", in cui venivano sottoposte alla politica le richieste, o meglio gli obblighi, a cui lo Stato doveva sottostare in cambio della tregua armata e sanguinaria di Cosa Nostra. Per dirla breve, "voi Stato fate quello che diciamo noi e noi smettiamo di uccidere giudici, magistrati e fare stragi grosse". Se già scendere a patti risultava complicato in quella determinata situazione storica, le probabilità di un accordo diminuivano esponenzialmente se si guardano le richieste formulate da Riina. Di seguito riportiamo integralmente ciò che Riina pretendeva dallo Stato in cambio di un "cessare il fuoco".

1. Revisione della sentenza del maxiprocesso di Palermo

2. Annullamento del decreto legge che inaspriva le misure detentive previste dall'articolo 41 bis per i detenuti condannati per reati di mafia

3. Revisione dell'associazione di tipo mafioso

4. Riforma della legge sui pentiti

5. Riconoscimento dei benefici dissociati per i condannati per mafia

6. Arresti domiciliari obbligatori dopo i 70 anni di età

7. Chiusura delle super-carceri

8. Carcerazione vicino alle case dei familiari

9. Nessuna censura sulla posta dei familiari

10. Misure di prevenzione e rapporto con i familiari

11. Arresto solo in flagranza di reato

12. Defiscalizzazione della benzina in Sicilia

Bene. Ora immaginate lo Stato che promuove una nuova legge accontentando Riina, per esempio, sul punto 4. Riforma sui pentiti. In cosa consisteva? Semplicemente in una minor protezione ai collaboratori di giustizia, coloro che, nonostante non potranno mai cancellare il proprio passato, hanno contribuito al lavoro dei magistrati per smantellare la struttura piramidale di Cosa Nostra. Non è complicato intuire che si tratta di richieste impossibili da realizzare. Riina però non vuole trattare, non scende a patti. "O fate quello che c'è scritto sul papello o continuiamo a sparare". Ed è cosi. Lo Stato conferma le dure sentenze, non accoglie le richieste della mafia. E la mafia continua a sparare.

A fine gennaio arriva la sentenza definitiva del maxiprocesso, con la conferma delle dure condanne ai mafiosi che invece erano convinti di poter ammorbidire quelle precedentemente inflitte. Passa meno di un mese e mezzo e la mafia risponde concretamente e duramente. 12 marzo 1992. Cosa Nostra uccide Salvo Lima. Chi era Lima? Non era un giudice o un magistrato del maxiprocesso. Non era un pentito mafioso. Era un politico, per 6 anni (suddivisi in due mandati) sindaco di Palermo. Lima era della Democrazia Cristiana ed era il referente principale del partito in Sicilia. Aveva dei rapporti intensi e continui con i mafiosi, i quali in cambio di favori appoggiarono la carriera politica di Lima garantendogli i voti alle elezioni. Le sentenze del maxiprocesso non sono dipese da Lima. Allora perché la mafia ha ucciso Lima? Perché apparteneva a quel partito, la DC, che per anni ha sfruttato e beneficiato dei voti dei mafiosi ed ora, nel momento in cui Cosa Nostra si aspettava un aiuto politico, questo aiuto non è arrivato. Allora la mafia doveva dare un segnale. Uccidere Lima per far capire ai vertici alti della DC che la mafia ha dichiarato guerra allo Stato. "Può succedere di tutto", disse Giovanni Falcone dopo l'omicidio di Salvo Lima.

Uno dei giorni più tristi della nostra storia è il 23 maggio 1992, nel pomeriggio la mafia uccide Giovanni Falcone, facendo saltare in aria la autostrada in zona Capaci. La mafia ha ucciso colui che ha fatto conoscere all'intera Italia cos'è la mafia, cos'è Cosa Nostra., chi sono i mafiosi, cosa fanno e ha fatto capire che la mafia si può combattere e battere. Falcone riceveva minacce da tanto tempo, 3 anni prima era sopravvissuto ad un attentato fallito, ma nel 1992 Cosa Nostra era alle strette. È guerra Stato-mafia. Falcone fa parte dello Stato, quello Stato che spesso lui ha denunciato come carente nelle dovute protezioni che avrebbe dovuto ricevere.[8]

Purtroppo Paolo Borsellino lo sapeva, se lo aspettava di essere il bersaglio successivo dopo Falcone. E dopo nemmeno due mesi la strage di Capaci arriva l'attentato fatale a Borsellino, in Via D'Amelio, con l'esplosione di un'automobile. E con gli omicidi dei due giudici la mafia, in particolare Toto Riina, ha continuato la linea dura annunciata se non venivano rispettate le richieste avanzate prima delle sentenze del maxiprocesso. Quel 19 luglio Paolo Borsellino portava con sé la sua nota "agenda rossa", un agenda dove il giudice scriveva gli appunti più importanti, si segnava i nomi dei politici più sospetti e con contenuti scomodi sia per la mafia ma soprattutto politica. Pochi istanti dopo l'attentato l'agenda sparisce. Di questa storia ne abbiamo parlato con Marco Lillo, giornalista di inchiesta ed ex vice-direttore del Fatto Quotidiano.

Dottor Lillo, è corretto affermare che l'agenda rossa spaventava di più la politica che la mafia?

---

[8] Si consiglia la lettura di "Cose di Cosa Nostra" (Giovanni Falcone, Marcelle Padovani, *Rizzoli*, 1991)

Paolo Borsellino quella mattina, lo dicono tutti i testimoni, amici e familiari, come tutti i giorni ha infilato dentro la sua borsa l'agenda rossa e l'agenda grigia. Nell'agenda grigia metteva gli appuntamenti, i voli, le spese, le cose più elementari. Nell'agenda rossa invece Paolo Borsellino scriveva i segreti veri, i segreti della sua attività di magistrato. Quindi la sparizione dell'agenda rossa e permanenza di quella grigia ci danno il senso che forse c'è qualcosa di strano in questa strage. In fondo la mafia cosa poteva farci con questa agenda? Sicuramente poteva interessare ma fino ad un certo punto. Quell'agenda nasconde probabilmente segreti che imbarazzano altri, altri che dovevano essere dalla parte opposta a quella della mafia. E in molti fatti storici italiani spariscono documenti, archivi di computer, di personaggi che hanno lottato contro la mafia e contro il terrorismo. E questo è inquietante. È come se ci fosse un lato B della storia d'Italia che deve restare oscuro e c'è qualcuno che tutela questo segreto su questo lato B. Uomini che secondo me ripeto non sono della mafia ma se dovessi fare un'ipotesi su chi ha preso quell'agenda, su chi conserva quei segreti io vedrei più uomini dello Stato, vicini allo Stato.

La trattativa Stato-mafia c'è stata, è esistita. E molti giornalisti, magistrati, critici sostengono che esista ancora. Una trattativa che, sulla carta, porta benefici ad entrambe le parti. Quando una parte non accontenta l'altra, allora iniziano i problemi. Dopo l'attentato a Falcone, la mafia ha ripreso in mano il papello e lo Stato l'ha rigettato di nuovo. Era impossibile realizzare quelle richieste. Forse Riina lo sapeva, era consapevole che quelle richieste non potevano essere soddisfatte. E probabilmente per lui andava meglio così. In questo modo poteva continuare la sua battaglia contro lo Stato, mentre altri boss mafiosi (come Provenzano) iniziavano a prendere le distanze da questa mossa troppo azzardata. Ma Riina aveva dichiarato guerra e la voleva portare al termine. Voleva vendicarsi di quello Stato che prima tratta e si fa aiutare dalla mafia e poi non solo si gira dall'altra parte ma la combatte. Riina vuole arrivare ad Andreotti, e lo fa non eliminandolo fisicamente ma facendo in modo che la sua carriera politica naufraghi completamente. Quella carriera che ormai era già stata minata tante volte con eventi citati nei capitoli precedenti di questo libro. Nel 1992 Andreotti era candidato alla presidenza della Repubblica, ma in seguito a quegli eventi il consenso nei suoi confronti è sceso drasticamente. Al Quirinale sale Scalfaro, prendendo il posto di Cossiga. Abbiamo parlato (anche) di questo con Serena Andreotti, figlia dell'ex presidente del Consiglio.

Cade il Muro nel 1989, suo padre diventa presidente del Consiglio nuovamente, c'è la guerra in Iraq, e poi, sempre nel 1991, diventa senatore a vita, nel 1992 c'è la possibilità che diventi Presidente nella Repubblica, e poi da lì nei mesi successivi scoppia Tangentopoli e vengono uccisi Lima, Falcone e Borsellino. Amato diventa Presidente del Consiglio, Scalfaro Presidente della Repubblica e si va verso una nuova era politica. Era Giulio Andreotti il principale obiettivo politico e mediatico di tutto questo?

No, direi che era uno dei molti. La volontà era proprio di abbattere il sistema politico retto sul dualismo est-ovest, che la caduta del

189

Muro, la riunificazione della Germania e la Caduta dell'Urss, avevano cambiato. Di questo cambiamento c'è chi ha cercato, riuscendoci parzialmente, ad approfittarne instaurando nuovi tipi di politica, però per arrivare a questo si è arrivati usando campagne mediatiche e una disinformazione pesante. Questo è un vizio d'origine della seconda repubblica che poco ha fatto e ha dato. [9]

Quindi, non esiste solo una motivazione per spiegare gli attentati a Falcone e Borsellino. Di certo la mafia voleva eliminare due persone scomode, che erano arrivati a capire situazioni troppo compromettenti. Ma ci sono altre motivazioni. Abbiamo sottoposto la questione a Marco Lillo.

Perché nel 1992 ci sono stati gli attentati a Falcone e Borsellino?

Il movente minimo è sicuramente la vendetta della mafia per quello che Giovanni Falcone e Paolo Borsellino, e tanti altri magistrati con loro, avevano fatto nei decenni precedenti con il maxiprocesso, il primo grande processo ai capi della mafia che improvvisamente scoprono nei primi mesi del 1992 di essere anche loro soggetti alla pena del carcere. Scoprono che la Cassazione conferma quelle sentenze che erano convinti di ribaltare truccando, tra virgolette, il verdetto e invece sono sottoposti anche loro alla

---

[9] Questa domanda, e la conseguente risposta, è stata già riportata nel capitolo n°5 dedicato al "CAF". Essendo che le dichiarazioni di Serena Andreotti sono utili sia per comprendere la crisi della partitocrazia, sia per analizzare i motivi per cui la mafia ha ucciso Falcone e Borsellino, abbiamo deciso di riportare integralmente domanda e risposta in entrambi i capitoli

legge. Secondo movente, io credo anche a questo, cioè il fatto che la mafia volesse un cambiamento di strategia da parte dello Stato a lei favorevole. Quindi volesse una riduzione o addirittura eliminazione della normativa sui pentiti, voleva sostanzialmente ridurre o eliminare il carcere duro per i mafiosi, voleva sostanzialmente un cambiamento dell'atteggiamento dello Stato nei confronti della mafia. Detto semplicemente, voleva che lo Stato calasse le braghe. E per ottenere questo bisognava fare la guerra per poter fare la pace. Questa è una sorta di minaccia seguito poi da un patto di non belligeranza successivo. Che poi è la tesi che è stata portata avanti nel processo trattativa in primo grado accolta, in secondo grado rigettata, anche se non sappiamo ancora le motivazioni, le stiamo aspettando per capire perché la tesi è stata rigettata. Poi c'è un terzo movente. Cioè che la mafia non era sola nel fare le stragi, ha cercato appoggi da soggetti esterni, vicini ai servizi segreti che avevano determinato prima della caduta del muro di Berlino quando l'Italia era sul fronte dei due blocchi. Hanno determinato appunto questi mondi esterni alla mafia. Quasi una strategia comune. Quindi la mafia le ha fatte per interessi suoi, ma è stata appoggiata da qualcuno che aveva rapporti con lo Stato e quindi in qualche modo garantiva l'impunità a queste stragi. Questa è la pista più delicata e più inquietante e secondo me bisogna essere molto prudenti nel dire che questa pista abbia dei riscontri ma bisogna cercarli, è una cosa molto importante, a distanza di oltre 30 anni, dobbiamo sapere tutta la verità.

Improvvisamente, la mafia cambia strategia. Continuano gli attentati, ma fuori dalla Sicilia. Un cambiamento inusuale. La mafia ha sempre colpito chi voleva colpire, chi non aveva a che fare con la mafia non veniva colpito. D'altronde, se l'organizzazione siciliana si chiama 'Cosa Nostra' il motivo è da collocare in questa spiegazione. Ma tra il '92 e il '93 avviene questo cambio di direzione, simile alla strategia della tensione con gli attentati che avvenivano nei punti sensibili dello Stato. Perché ora la mafia vuole colpire lo Stato, non il politico o il magistrato. E lo Stato comprende tutti, anche i cittadini. Riportiamo di seguito ciò che ci ha spiegato Marco Lillo.

Dal 1992 in Sicilia non vengono più uccisi magistrati. Da 1993 non vengono nemmeno più fatti atti eclatanti fuori dalla Sicilia. Ricordiamo le stragi del 1993 a Milano e a Firenze, 10 persone uccise e appunto gli attentati e le bombe contro Maurizio Costanzo e Maria De Filippi, contro un pentito di mafia Totuccio Contorno e contro lo Stadio Olimpico, addirittura dovevano morire 100 carabinieri impegnati nel servizio d'ordine. Tutti e tre per fortuna attentati falliti, poi le basiliche che saltano in aria, San Giorgio e San Giovanni. Ecco, questo è l'ultimo exploit della mafia terroristica. Poi, da ormai 30 anni, la mafia si è inabissata. La strategia è chiara: non si uccidono giornalisti (ne sono stati uccisi tantissimi in passato), non si uccidono magistrati, si evita il ricorso alle armi al minimo indispensabile, quando proprio non se n'è può fare a meno e si cerca di infiltrare l'economia in maniera occulta. Perché dobbiamo ricordarci che lo scopo della mafia non è fare le stragi, ovviamente si uccide e si fanno stragi per fare altro, è strumentale a cosa? A fare soldi, la mafia è sostanzialmente una società per azioni che utilizza le sue regole che non sono quelle dello Stato. Ora io penso che questa mafia, la società per azioni, si è espansa in questi anni, ha continuato a lavorare sotto traccia, si è infiltrata nell'economia, anche nelle regioni lontane rispetto a quelle di origini, cioè la mafia siciliana, la ndrangheta calabrese, la camorra, hanno radici molto forte in Emilia Romagna, non dimentichiamocelo. La mafia quindi si è adattata al nuovo sistema. C'è chi dice che non è più pericolosa. Assolutamente no, è pericolosa in modo diverso perché infiltrando nell'economia impone le sue logiche, che non sono quelle del libero mercato, non deve vincere nella gara quello più bravo ma deve vincere la gara quello legato al clan. E soprattutto infiltrando il mercato inserisce logiche di monopolio, di assenza di tutela del lavoratore che permettono un vantaggio competitivo quindi è sempre più difficile estirparla perché è più facile lottare contro la mafia che fa le stragi piuttosto contro la mafia che trucca le regole della concorrenza

Scatta la cosiddetta "Operazione Belva". Toto Riina viene arrestato. Il 15 gennaio 1993 termina la lunga latitanza del boss dei boss, il capo di Cosa Nostra. Sul suo arresto si è discusso molto per le modalità, la mancata perquisizione del suo covo è ancora oggetto di polemiche. Ma l'arresto di Riina è un altro tassello che va a collocarsi nel grande puzzle della trattativa Stato-mafia. Abbiamo scritto in precedenza di come Bernardo Provenzano non condividesse la linea stragista di Riina, e perciò la trattativa sarebbe stata portata avanti dallo stesso Provenzano, con richieste decisamente più morbide. Riina sarebbe stato consegnato allo Stato da Provenzano[10], il quale avrebbe ricevuto in cambio protezioni nella latitanza e probabilmente è riuscito a convincere chi di dovere a non perquisire il covo di Riina. Provenzano venne arrestato nel 2006,

---

[10] A proposito si legga "Don Vito: le relazioni segrete tra Stato e mafia nel racconto di un testimone d'eccezione" (Massimo Ciancimino, Francesco La Licata,*Feltrinelli*, 2010)

quando era già in condizioni instabili a causa di problemi fisici che lo avrebbero portato alla morte dieci anni dopo, precisamente il 13 luglio 2016.

L'ultima parte sull'arresto di Provenzano vi ricorda qualcosa? Torniamo ai giorni nostri. 16 gennaio 2023, l'ultimo vero boss di Cosa Nostra Matteo Messina Denaro viene arrestato dopo oltre 30 anni di latitanza. Era in una clinica di Palermo, in cura per un tumore che lo porta alla morte nella notte tra il 24 e 25 settembre 2023. Ciò che è successo e ha fatto Messina Denaro in questi decenni non è (ancora) chiaro, ma di certo non è sbagliato pensare che ci siano state complicità tra le istituzione e la mafia. Una mafia, però, che non è più quella di quando Messina Denaro era uno dei capi. Ora la mafia non commette stragi, non commette omicidi vistosi. Ora si è infiltrata silenziosamente nelle istituzioni e soprattutto nella finanza. Ne parla così Alessandro Forni.

Sul caso di Matteo Messina Denaro, se tu non hai delle protezioni alte, non stai latitante 30 anni, non stai latitante 38 anni come Provenzano, non ci stai 20 come Toto Riina. Non è la questione del vicino di casa, del barbiere che ti riconoscono e non ti denunciano. E poi Messina Denaro, è veramente il capo che dicono o non è altro che il capro espiatorio? È un personaggio creato ad hoc per dire 'ecco, quello è il vero mafioso l'abbiamo catturato' per coprire la vera mafia, che è quella dei colletti bianchi, dell'alta finanza, di quelli che smuovono miliardi ogni giorno. Ma rendiamoci conto che la mafia ha un budget che è pari a quella di una multinazionale e uno come

Denaro gestisce una multinazionale? Un Toto Riina gestiva una multinazionale? Bah, io porgo molti dubbi. La risposta non ce l'abbiamo noi, ma nel nostro piccolo, da quello che è la nostra esperienza di tutti i giorni a me viene difficile pensare che ci si improvvisi improvvisamente terrorista, o che uno semi-analfabeta si improvvisi amministratore delegato, CEO di una multinazionale seppur di una organizzazione non legale. Come diceva Rao, nel suo intervento al Parlamento, diceva che le mafie di oggi sono mafie più sofisticate

Il golpe di Provenzano nei confronti di Riina potrebbe aver spianato la strada per l'ascesa politica di Silvio Berlusconi. L'imprenditore, insieme a Marcello Dell'Utri, avrebbe avuto contatti proprio con Provenzano. Sui presunti rapporti di Berlusconi con ambienti mafiosi abbiamo chiesto a Marisa Ostolani.

Ci sono delle sentenze, e a queste dobbiamo fare affidamento: ci sono stati rapporti assolutamente non trasparenti e delle collusioni. Dell'Utri e collaboratori di Berlusconi sono anche stati in prigione o hanno avuto sentenze in giudicato. Berlusconi è stato assolto per insufficienza di prove, formula che spesso non risolve "il problema": sentenze mai al 100% chiare e che non lo assolvono mai, lasciano sempre il dubbio che in realtà questi collegamenti ci siano stati: elementi di vicinanza, collusione e complicità.

Ringraziamenti

195

La realizzazione di questo libro è stata possibile grazie al contributo di tante persone che si sono rese disponibili ad essere intervistate fornendo quindi un prezioso contributo sui temi citati nei vari capitoli. Ci teniamo dunque ringraziare, facendo un elenco in ordine alfabetico, tutte le persone che, dal vivo o tramite chiamata, hanno accettato di essere intervistati contribuendo alla stesura di questo libro.

Andreotti Serena (figlia di Giulio Andreotti)

Bolognesi Paolo (presidente Associazione dei familiari delle vittime della Strage di Bologna, politico)

Caprarica Antonio (giornalista, scrittore)

Colarizi Simona (storica, scrittrice)

Contu Luigi (giornalista, direttore dell'agenzia ANSA)

Forni Alessandro (presidente ANPI di Cervia)

Giacone Alessandro (professore, storico, scrittore)

Landoni Enrico (professore, storico)

Lillo Marco (giornalista, scrittore)

Lucarelli Carlo (giornalista, scrittore)

Montini Ileana (politica, giornalista)

Ostolani Marisa (giornalista)

Pecora Carmelo (ex agente della Polizia Scientifica)

Bibliografia e fonti

Per scrivere le domande agli ospiti, era necessario prima studiare e comprendere i temi da trattare, in modo da formulare domande logiche e coerenti. Per analizzare i contesti storici, politici, sociali, capire bene gli eventi che sono accaduti ci siamo affidati alla lettura di diversi libri e opere, di cui alcuni scritti proprio da coloro che abbiamo intervistato. Qui sotto elenchiamo i libri che ci sono risultati utili per la stesura dei capitoli, sia per correttezza e per discorsi legati al copyright, sia perché speriamo che possano essere utili ai lettori di questo libro per approfondire ulteriormente gli argomenti e la storia italiana.

Bibliografia

1. Aini Fiorenza Elisabetta, *"Tangentopoli: le tappe più*

significative nel periodo 1992-2000", 2019

2. Bolognesi Paolo, Speranzoni Andrea, *"Pasolini – un omicidio politico"*, Castelvecchi, 2017

3. Casillo Salvatore, Di Trocchio Federico, Sica Salvatore - *Falsi giornalistici: finti scoop e bufale quotidiane, 1997*

4. Cavicchioli Sandra, Fele Giolo, Giglioli Pier Paolo: *"Rituali di degradazione: anatomia del lprocesso Cusani"* , Il mulino, 1997.

5. Ciancimino Massimo, La Licata Francesco, *"Don Vito"*, Feltrinelli, 2010

6. Ciconte Enzo, *"1992: l'anno che cambiò l'Italia – da Mani Pulite alle Stragi di Mafia"*, 2022

7. Colarizi Simona, *"Storia politica della Repubblica – 1943-2006"*, Editori Laterza, 2007

8. Corrias Pino, Gramellini Massimo, e Maltese Curzio, *"1994: Colpo grosso"*, Dalai Editore, 1997.

9. Di Matteo Nino, Lodato Saverio, *"Il patto sporco"*, Chiarelettere, 2018

10. Facci Filippo, *"Le connivenze della stampa nel raccontare Mani Pulite"*, Linkiesta, 2022

11. Facci Filippo – *"30 aprile 1993. Bettino Craxi. L'ultimo giorno di una Repubblica e la fine della politica"*, 2021

12. Falcone Giovanni, Padovani Marcelle, *"Cose di Cosa Nostra"*, Rizzoli, 1991

13. Guarino Mario, Raugei Fedora, *"Licio Gelli – vita, misteri, scandali del capo della Loggia P2"* , Edizioni Dedalo, 2016

14. Holgado Youssef Hassan, *"Il glossario di Tangentopoli per capire il 1992 e l'inchiesta Mani Pulite"*, 2022

15. Simoni Gianni, Turone Giuliano "*Il caffè di Sindona*", Garzanti, 2009

16. Turone Giuliano, "*Italia occulta*", Chiarelettere, 2018

17. LaRepubblica, *"Berlusconi, primato a suon di spot"*, 5 febbraio 1994, https://ricerca.repubblica.it/repubblica/archivio/repubblica/1994/02/05/berlusconi-primato-suon-di-spot.html

18. Raimo Christian, *"Avere vent'anni: Berlusconi contro Occhetto"*, *https://www.minimaetmoralia.it/wp/politica/avere-ventanni-berlusconi-contro-occhetto/*, 2014.

19. Youtrend, *"Le grandi campagne raccontate da youtrend: Berlusconi-1994"*, 2020, www.youtrend.it

Made in the USA
Columbia, SC
13 February 2024

31273384R00109